Heiko Schulze & Kalla Wefel

VfL Osnabrück

Fußballfibel

Bibliothek des Deutschen Fußballs

Herausgegeben von Frank Willmann

Abbildungsverzeichnis:
VfL-Museum: S. 11, 12, 21, 23, 28 – 29, 30 – 31, 45, 47, 53, 59, 94, 95, 97, 103, 105, 129, 135; Archiv der Autoren: S. 116 – 117, 143, 157; Osnabrücker Rundschau: S. 149, 152, 173; reviersport/Marc Niemeyer: S. 166, 168/169

ISBN: 978-3-7308-1750-6
Die Deutsche Nationalbibliothek verzeichnet diese Publikation in der Deutschen Nationalbibliografie; detaillierte bibliografische Daten sind im Internet über http://dnb.d-nb.de abrufbar.

Verlag:
CULTURCON medien
Inh. Bernd Oeljeschläger
Melanchthonstraße 13, 10557 Berlin
Telefon 030 / 3439 8440
www.culturcon.de
Redaktion und Lektorat: Anne Hahn
Gestaltung und Satz: Kathrin Strahl, Berlin
Coverentwicklung: Marcus Gruber, Berlin
Druck: Florian Isensee Gmbh, Oldenburg

Barren statt Torpfosten (Heiko Schulze und Kalla Wefel) 6

Wie Nazis ab 1933 die Vereinsgeschichte lenkten
(Heiko Schulze und Kalla Wefel) 76

... doch die Strafe folgt sogleich! (Peter von Koss). 100

Meine lila-weiß durchtränkte Kindheit (Kalla Wefel) 108

Hilfe zur Selbsthilfe für hartgesottene VfL-Fans

und Fußballhistoriker (Peter von Koss und Kalla Wefel) 122

Woanders sind nur Doppelte (Heiko Schulze) 130

Vier Geschichten aus dem Mittelalter und der frühen Neuzeit
(Lars Mosel) 140

Zum Abschied von Joe Enochs (Kalla Wefel) 154

Red Bull – ein Gespenst geht um in Europa (Kalla Wefel) 158

Frühlingsgefühle (Frank Schneider) 164

Dritte Liga revisited (Ralph Gehrke) 170

Zum Geleit: Heimat ist da, wo lila-weiße Fahnen wehen!

Heiko Schulze und Kalla Wefel

Abhandlungen über Fußball gibt es dermaßen viele, dass man alle Tribünen dieser Welt damit tapezieren könnte. Beachtlich viele Bücher über den VfL Osnabrück fügen sich hier nahtlos ein und bilden naturgemäß ein solides Fundament, das die Autoren dieser Fußballfibel für sich zu nutzen verstanden. Vor allem die historischen Abhandlungen über die ersten 50 Jahre der Vereinsgeschichte stützen sich auf frühere Vereinsfestschriften des VfL Osnabrück, auf vielfältige Beiträge zur VfL-Literatur, nicht zuletzt auf das Buch „Mein Vau- Eff-Ell!". Die Passagen zur Frühgeschichte des Osnabrücker Fußballs sind wiederum sehr eng den Ausführungen im Buch „Fußlümmel und Lila-Weiße" entlehnt, welches im Jahre 2015 erschien.

Dennoch besitzt unsere Quellenauswahl eine ganz besondere Note. Denn die meisten literarischen Zeugnisse außerhalb Osnabrücks erzählen über faszinierende Ballzauberer, berauschende Spiele, elektrisierte Zuschauer, unvergessene Meisterschaften und überdimensionale Pokale.

Betrachtet man dagegen die Historie des VfL Osnabrück, ist die Galerie echter Ballkünstler, sind üppige Regale mit großen Pokalen oder Spielberichte, die ganze Generationen in ihren Bann ziehen, im Vergleich überschaubar. Bescheiden geradezu. Denn dieser Verein hat es nie in die Erste Bundesliga, geschweige denn in internationale Wettbewerbe geschafft. Trotzdem gibt es Triumphe, die begeistern – mal mehr, mal weniger in einer besonderen Variante provinziellen Kleinformats.

Und es gibt manchmal Fundstücke, die als Zeitzeugnisse ihresgleichen suchen: Eine zentrale Quelle der geschichtlichen Abhandlungen bot bereits für das Buch „Fußlümmel und Lila-Weiße" ein Fundstück, das in der Fußballgeschichte einmalig ist. Dies war ein liebevoll gebundener Einband, der die Aufzeichnungen des früheren „Mittelläufers" Friedel Hunecke enthielt. Der wiederum gehörte bis Mitte der Zwanzigerjahre zu den „Urvätern" des VfL und war einer der allerersten, der das Vereinsemblem am Trikot trug. Indem Huneckes Originaltöne so manche Lücken der historischen Aufarbeitung füllen konnten, macht dies den Reiz seiner Hinterlassenschaft aus. Kurzum: Verfügt ein Verein über derartige Funde, ist ein Grund mehr gegeben, jenen Pionierjahren in dieser Fibel besonders intensiv nachzugehen.

Ganz abgesehen von den Quellen: Was den VfL Osnabrück vorrangig zu einem einzigartigen Verein macht, ist eine spezielle Form des Heimatgefühls, das die lila-weißen Balltreter in ganz eigener Weise auslösen. Es ist irgendwie die Elf von „Zuhause" oder, wie der Osnabrücker sagt: „Vonne Stadt und umzu."

Was jene „Heimat" ausmacht, lässt sich auf dieser Grundlage deshalb zwischen Teutoburger Wald und Wiehengebirge auch fußballbezogen beschreiben: VfL-Heimat ist dort, wo lila-weiße Fahnen wehen!

Eine Fußballfibel, die zu erzählen versucht, welch eine besondere Verbindung Region und Verein miteinander eingehen können, wird auf dieser Basis auch für Exterritoriale spannend. Dies gilt insbesondere dann, wenn die Liaison zwischen Verein und regionalem Umfeld bereits auf die Ursprünge des Clubs zurückgeführt wird.

Osnabrück wird somit zur typischen Produktionsstätte einer DNA, die sich allerorten entwickeln kann oder schon längst entwickelt hat, von der man aber nie die einzelnen biologischen und mentalen Bausteine kannte. Die wiederum liegen in der einzigartigen Geschichte und vor allem in zahllosen persönlich erlebten Geschichten verborgen.

Barren statt Torpfosten

Heiko Schulze und Kalla Wefel

Warum Turner Bälle verschmähten

Wer heute über „Sport“ spricht, wird spätestens beim Betrachten der „Sportschau“ oder beim Zappen über diverse „Sport“-Kanäle den Eindruck gewinnen, „Sport“ und „Turnen“ seien so ziemlich das Gleiche.

Warum sollte er es auch nicht denken? Schließlich umfasste der selbst erlebte Sportunterricht auch alles Mögliche: Turnen, Leichtathletik, Schwimmen bis hin zu den Mannschaftssportarten. Doch Vorsicht! In der Geschichte all dieser Bewegungsarten gab es Zeiten, in der penibel zwischen den Begriffen unterschieden wurde. Und es gab ganze Jahrhunderte, in denen allenfalls sehr kleinen Kindern das freie Spielen gestattet wurde. Für Erwachsene stand so etwas überhaupt nicht zur Debatte.

Bis in das 18. Jahrhundert hinein spielte die gesamte Leibesertüchtigung auch im Osnabrücker Schulalltag keine Rolle. Ganz im Gegenteil: Kirchliche Lehre und Anstandsnormen der höheren Gesellschaftskreise verbrämten körperbetontes Verhalten als unsittlich. Lediglich in adeligen Zirkeln wurden Fechten, Schießen oder Reiten gelehrt. Allenfalls das regelbetonte Tanzen erfreute sich allgemeiner Beliebtheit.

Der legendäre „Turnvater“ Friedrich Ludwig Jahn (1778–1852), der die deutschnationale Turnbewegung im Jahre 1807 begründete, konnte dabei lediglich auf Erfahrungen mit verschiedenen Formen der Gymnastik aufbauen. Den bis dahin bekannten Übungen fügte der Aktivist nun Barren oder Reck hinzu und bezeichnete all dies erstmals „Turnen“. Dieses deutsche Wort ließ sich auf den lateinischen Wortstamm „torn…“ zurückführen, was mit „drehen“, „wenden“ oder „abrunden“ zu tun hat.

Als das heutige Deutschland zu Beginn des 19. Jahrhunderts unter Kaiser Napoleon wiederholt durch französische Truppen besetzt wurde, galt das jahnsche Turnen ab 1811 als Schule der patriotischen Erziehung und körperlichen Ertüchtigung. Zugleich diente es als Vorbereitung auf den militärisch ausgefochtenen Befreiungskrieg. Turnen war deshalb in seinem Ursprung zugleich mit einer streng deutschnationalen Gesinnung verknüpft, die den zahlreichen Landesfürsten und Königen suspekt war. Auch deshalb wurden Turner seit der Niederlage Napoleons ab 1815 politisch verfolgt. Ihre Disziplin wurde in den meisten deutschen Kleinstaaten von 1820 bis 1842 sogar gänzlich verboten. Erst in der zweiten Hälfte des 19. Jahrhunderts war Turnen wieder rechtmäßig. Es wurde gesellschaftsfähig und am Ende sogar ein verpflichtendes Schulfach. Vor allem Militärs sahen in den beweglichen und belastbaren Turnern vorzügliche Soldaten, um mit ihnen in blutige, aber „erfolgreiche" Kriege, Schlachten und Gefechte zu ziehen.

Die Stadt Osnabrück bildete auch in der deutschen Turn- und Sportgeschichte keine Ausnahme. Jahrhundertelang waren allenfalls Schützenfeste oder das Fechten tolerierte Betätigungen. Im Jahre 1833 aber, so vermeldet es die Chronik *100 Jahre Sport in Osnabrück*, zogen Schüler des Ratsgymnasiums auf eine Wiese an der Petersburg, um sich dort, ganz ohne Spielmittel oder Geräte, turnerisch zu betätigen. Alteingesessene gutbürgerliche Kreise beargwöhnten die turnenden Gymnasiasten häufig mit Argwohn, denn entblößte Arme oder Beine galten ganz und gar als unsittlich.

Dies änderte sich auch nicht, als der bedeutende Osnabrücker Schulreformer Karl Noelle im Jahre 1838 seine erste Handelsschule errichten ließ und dies mit der Herrichtung einer Freifläche an der Schwedenstraße verband, auf der sich nun angehende junge Kaufleute turnerisch betätigten. Ab 1845 kam der sogenannte Rabenplatz dazu, der, zwischen Schiller- und Wittekindplatz gelegen, vorwiegend an trockenen und wärmeren Tagen genutzt werden konnte.

Die Geburtsstunde des ersten offiziellen Vereins, der sich der körperlichen Ertüchtigung seiner Mitglieder widmete, schlug am 28. Oktober 1849. Gemessen an andernorts nachweisbaren bürgerlichen und nationalistisch ausgerichteten Turnern präsentierte der Osnabrücker Arbeiterbildungsverein eine Besonderheit: Seine Turnabteilung umfasste vorwiegend junge Handwerksgesellen und Arbeiter. Gründer und erster Präsident des Vereins war ein Tischlergeselle namens Johann Heinrich Schucht. Der wiederum war ursprünglich aus dem Dorf Holzthaleben im winzigen Fürstentum Schwarzburg-Sondershausen gekommen und während seiner Gesellen-Wanderung über Celle und Hamburg nach Osnabrück gelangt. Das Besondere an der Ausrichtung des Arbeiterbildungsvereins bestand neben seiner Zusammensetzung vor allem in seiner politischen Orientierung: Der Zusammenschluss war nämlich demokratisch und sozialistisch. Er schloss sich darum der in Leipzig ansässigen Allgemeinen Deutschen

Arbeiterverbrüderung an, die eine frühe Form von Sozialdemokratie und Gewerkschaftsbewegung bildete.

Der Schillerplatz diente den Turnern des ABV als Betätigungsfeld. Zeitzeugen sprachen von einem regen Zuspruch bei den sportlichen Darbietungen, zu denen neben Turnen auch das Schießen gehörte. Da die politische Ausrichtung des ABV der Obrigkeit von Beginn an ein Dorn im Auge war, sorgte vor allem der damalige Innenminister des Königreichs Hannover und langjährige Osnabrücker Bürgermeister Johann Carl Bertram Stüve dafür, dass Vereinsgründer Schucht bereits 1851 aus Stadt und Königreich ausgewiesen wurde. Der Verfemte, steckbrieflich wie ein Verbrecher auch in Preußen gesucht, flüchtete schließlich ins britische London.

Der ABV blieb, obwohl seine Führungspositionen seitens der Obrigkeit schrittweise mit „genehmen Leuten" besetzt wurden, lange demokratischen und sozialistischen Idealen treu. Dies machte sich nicht zuletzt an Kennzeichen fest: Zu feierlichen Anlässen trugen die Turner auf ihren Mützen ein schwarz-rot-goldenes Abzeichen mit dem Symbol „Hand in Hand", was zugleich das Symbol der inzwischen allerorten verbotenen Arbeiterverbrüderung war.

Die Bewegungsdisziplin des Turnens schaffte es im Laufe der kommenden Jahre auch in Osnabrück, sich breit akzeptiert in der städtischen Gesellschaft zu verankern. Dies lag nicht zuletzt an der zunehmend nationalistischen und militaristischen politischen Ausrichtung, die den Zeitgeist auch an der Hase maßgeblich bestimmte. Im Jahre 1861 gründete ein Architekt namens Schulze den Osnabrücker Turnverein mit rund 100 Mitgliedern.

Ein weiterer Meilenstein der Osnabrücker Leibesübungen bildete die Berufung des ersten gesamtstädtischen Turnlehrers Julius Schurig, der im Jahre 1865 aus Emden an die Hase kam. Mit eiserner Disziplin sorgte der Ostfriese für die Ausbreitung des Turnunterrichts an allen Osnabrücker Schulen. Dass der von seinen Zöglingen als willenskräftiger und wenig zugänglicher Mann das Etikett „Schurig ist knurrig" verpasst bekam, verwunderte deshalb nicht. Neben seiner turnerischen Pionierarbeit sorgte der knurrige Oberturnlehrer dafür, dass 1876 eine freiwillige Turnerfeuerwehr aufgebaut wurde. Auch dies verschaffte der gesamten Osnabrücker Turnerschaft ein hohes Ansehen.

Bereits zuvor, im Jahre 1871, hatte der städtische Magistrat beschlossen, am Schlosswall eine große Turnhalle zu bauen, welche die ersten, nur behelfsmäßig genutzten Räume ablöste. Nicht zuletzt Schurig sorgte dafür, dass diese und weitere Hallen nach und nach mit den üblichen Turnutensilien wie Barren, Matten, Böcken, Pferden oder Reckstangen ausgestattet wurden. Produziert wurde alles vorwiegend in Eigenarbeit der Turner; Fußbälle waren natürlich noch nirgendwo dabei.

Als sich im Jahre 1876 seitens einiger Dutzend Handwerker der Osnabrücker Turnerbund (OTB) gründete, begann sich die Vereinslandschaft stadtweit auszuweiten: 1894 gründeten Eversburger Aktive den TV Gut Heil, Neustädter im Jahre 1897 den TV Jahn, Schinkeler (die erst im Frühjahr 1914 zu Osnabrückern wurden) 1904 schließlich den TV Friesen.

Natürlich beließen es Menschen, die sich bewegen wollten, nicht bei turnerischen Reck-, Barren- oder Seilübungen. Solange noch kein Ball im Spiel war, betrieb man Stelzenlaufen, Reifenschlagen oder das Treiben des Kreisels. Als dann doch eine Art Ball aufschlug, liebten besonders Kinder sehr frühe Formen des Schlagballs, des Faust- oder Stoßballs, das Zuwerfen kleinerer Bälle, Schleuderball oder Urvarianten des Korbballs.

Wie nun aber die Verbindung von „Fuß und Ball“ zustande kam, soll das nächste Kapitel beleuchten.

Eine Pandemie namens „Englische Krankheit“: Pioniere mit Migrationshintergrund inspirieren junge Osnabrücker

Nach den leidvollen Corona-Erfahrungen der jüngsten Geschichte sollte man über das Wort Pandemie eigentlich keine Scherze machen. Besitzt eine Ansteckung allerdings eher gesunde und belebende Auswirkungen, sei eine Ausnahme von dieser Regel erlaubt. Die Beschreibung dieser besonderen Pandemie beginnt mit einer schlichten Ausgangsfrage: Was machten junge Osnabrücker in den Jahren vor 1900, wenn sie Fußball spielen wollten?

Zunächst einmal, das klingt heute merkwürdig, mussten sie das Spiel überhaupt kennen. Schwer schuftende Lehrlinge oder

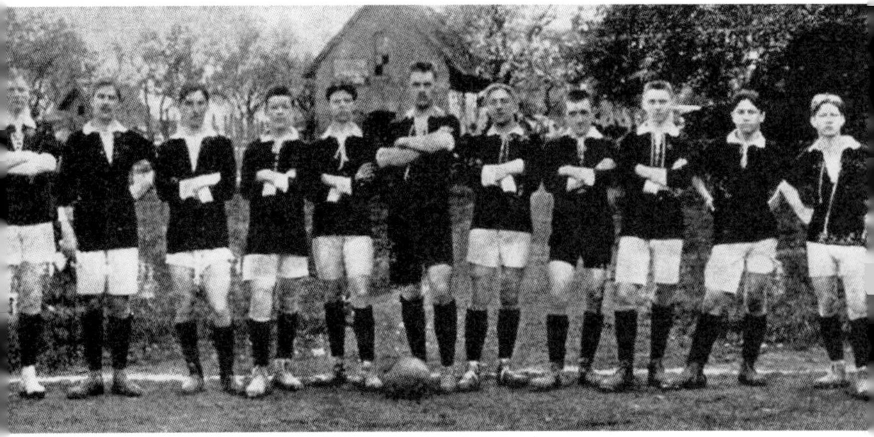

Der FC 1899 – die „Urmannschaft" in Trikots und starker Pose.

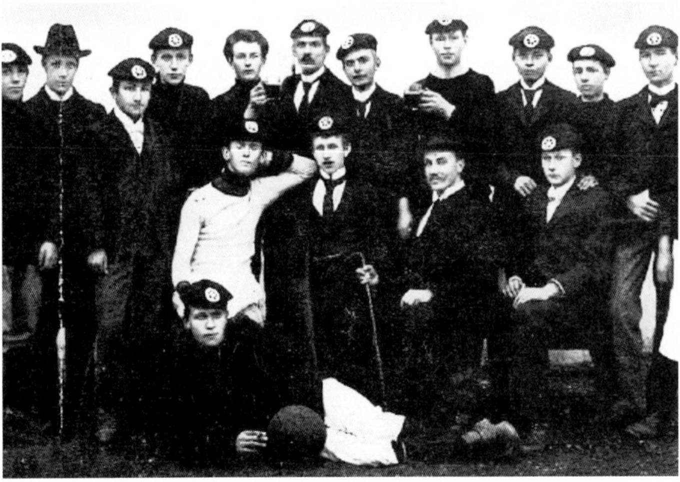

Die „Urmannschaft" des späteren VfL als Team mit feschen Mützen: Der FC 1899.

Jungarbeiter kamen für diese Erkenntnis nicht infrage. Sie hatten vom Gekicke um einen Ball kaum jemals etwas gehört, geschweige denn gelesen. Außerdem machten es ihre bis zu 12-stündigen meist beschwerlichen Arbeitstage nahezu unmöglich, sich körperlich zu betätigen.

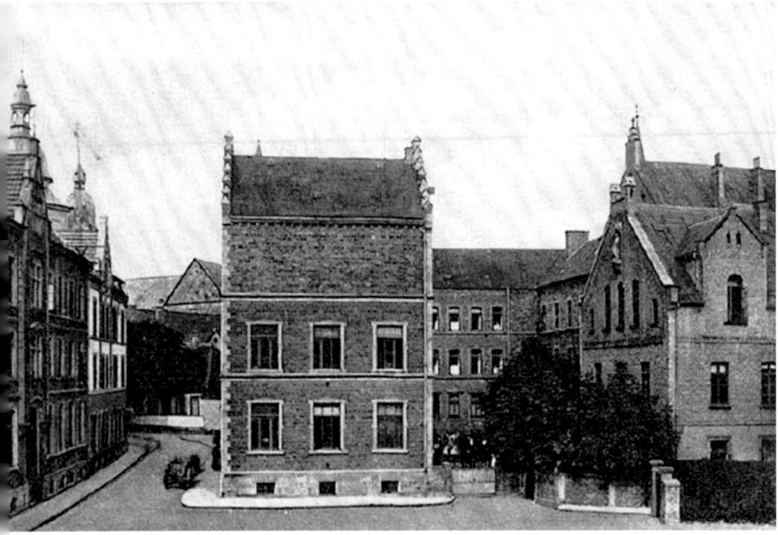

Nollesche Handelsschule an der Osnabrücker Domsfreiheit: Hier kickten die ersten Osnabrücker – mit britischem Migrationshintergrund.

Das Wissen um den frühen Fußball war deshalb eher in „gehobenen Kreisen“ des deutschen Bürgertums verbreitet. In solchen Kreisen spielte das Lesen eine weit größere Rolle als in der Arbeiterklasse. Das Wissen um eine Disziplin namens Football setzte die Lektüre bestimmter Zeitungen oder Broschüren voraus, die allein in gehobenen Kreisen kursierten. Nicht zuletzt musste ein Interessierter auch sinnlich erfahren, um welch eigentümlich wirkende Disziplin es ging. Wer also war es, der den Osnabrückern das Kicken demonstrierte? Was waren das für junge Männer, die als erste hinter dem Lederball herliefen?

Wie in anderen Städten, kamen auch in Osnabrück viele junge Kicker direkt von den britischen Inseln: Es waren junge Kaufleute, die Osnabrück als Internatsschüler bewohnten. Eingeschrieben waren sie an der vielerorts bekannten Noelleschen Handelsschule, die bereits, wie oben beschrieben, seit 1838 bestand. Folgt man der offiziellen Stadtchronik, dann wurden an jener Einrichtung neben deutschen auch nennenswert viele ausländische Kaufleute unterrichtet, deren größter Teil aus Großbritannien kam. Wohnen konnten die jungen Migranten seit 1887 in einem Internat, das sich in der Kleinen Domsfreiheit befand.

Osnabrücks Fußball-Pionier Friedel Hunecke ist Zeitzeuge für die Zusammensetzung der ersten kickenden Mannschaften und für die besondere Rolle, die Auswärtige dabei spielten:

In der Hauptsache waren es Schüler der Seminare und Gymnasien, die das Spielermaterial der Mannschaften stellten. Jedoch soll hier eine Schule nicht unerwähnt bleiben, die vor allem maßgeblich an der Einführung des Fußballsportes in Osnabrück beteiligt war. Es war die ‚Noellesche Handelsschule', die neben deutschen Schülern von vielen Ausländern, darunter englischen, besucht wurde. Letzteren war dieses Spiel von ihrer Heimat bekannt.

Mit dieser Entwicklung bildete Osnabrück in den Städten des alten Kaiserreichs keine Ausnahme. Je mehr britische Kaufleute oder Internatsschüler vor Ort lebten, desto häufiger sah man seinerzeit kickende junge Menschen.

Dress, kürzere Sporthosen, Stutzen oder Fußballschuhe waren dabei noch weitgehend unbekannte Begriffe. Auch den klassischen, aufzupumpenden „Lederball mit Blase" kannten allenfalls die, deren Eltern sich dieses teure Importprodukt von der britischen Insel schicken lassen konnten.

Widerstände, Koks und Blechdosen: Lehrstunden eines Ballinfizierten

Die meisten jungen Fußballer spielten entweder mit einem geeigneten Stückchen Koks oder gar mit einem selbst produzierten „Ball". Der wiederum war dann zumeist mit alten Flicken und speziell verformten Fahrradreifen erstellt, was eine Menge Geschick voraussetzte.

Andere versuchten sich mit Tennisbällen, die sie als großzügige Gabe von schlägerschwingenden Menschen „im weißen Dress" oder von deren „Balljungen“ erhielten. Das zumindest berichtet uns der Pionier Friedel Hunecke, der auf diesem Wege mit dem Fußball in Kontakt kam:

So machten wir Jungen auch bald mit diesem Spiel Bekanntschaft, trafen uns tagtäglich auf den freien Plätzen, innerhalb des Stadtgürtels, und übten uns in der Behandlung eines Balles mit den Füßen. Meist waren es alte Tennisbälle, die wir von den Balljungen an den Tennisplätzen am Herrenteichswall erstanden oder geschenkt bekamen.

Gegner der auch in Osnabrück sehr jungen Sportart fanden sich schnell: Turner – dies werden wir noch an anderer Stelle lesen können – rümpften schon früh ihre Nasen und polterten etwas von „englischer Krankheit“ und „ungesunder Bewegung“.

Es waren allerdings auch sehr praktische Erwägungen, die Fußball bereits im vertrauten Familienkreis hemmten. Friedel Hunecke erging es da nicht anders, wenn er von seinen ersten Spielerlebnissen berichtet:

Dass dabei die Schuhe sehr in Mitleidenschaft gezogen wurden und es manche ‚Naht‘ zu Hause absetzte, sei nur am Rande erwähnt. Aber das war gerade das Reizvolle an dem schönen Spiel, das wir heimlich betrieben und uns nur stets unser Schuhzeug zum Verräter wurde. Da mein gestrenger Papa einsah, dass ich von diesem Spiel nicht abzubringen sei, standen auf dem Gabentisch zu Weihnachten des Jahres 1908 ein Paar Fußballstiefel, Marke ‚Palm‘. Ich war 10 Jahre und natürlich hell begeistert. Jetzt musste zwangsläufig noch der Fußball kommen, und der war gleich zweien meiner Freunde zusätzlich vom Christkind gebracht worden.

Dass mit solcher Ausstattung besonders stolz auf dem Klushügel oder dem Schwarzen Platz gekickt wurde, muss niemand näher erläutern. Auch gelang es den Jüngeren recht häufig, die schnell verehrten „Großen“ beim Spielen zu beobachten und dabei so manches an Spieltechnik abzugucken.

Aber noch war die Gesellschaft auch in der Hasestadt keinesfalls reif für den Fußball. Nicht nur sportbegeisterte Schüler verspürten gewaltigen Widerstand. Vor allem Lehrer und Lehrer-Ausbilder waren es, für die, jenseits des akzeptierten Turnens, körperliche Bewegung ein Gräuel war.

Eine einzigartige Anekdote, die diesen Widerstand auf den Punkt bringt, berichtet uns einmal mehr Friedel Hunecke. Er war seinerzeit nicht nur begeisterter Fußballer, sondern auch ein sehr talentierter Schwimmsportler, der inzwischen eine Lehrerausbildung an der hiesigen katholischen „Präparanden-Anstalt“ begonnen hatte. Aber auch die nasse Disziplin, absolviert im damaligen Flussbad in der Nette, gefiel hier offenbar nicht allen:

> *Da ich auch ein guter Schwimmer war, nahm ich an einem Sonntag im Haster Nettebad an einem Schwimmfeste des Osnabrücker Schwimmvereins teil. (...) Ich machte mit, holte den Sieg und wurde mit dem Eichenkranz ausgezeichnet. Stolz marschierte ich am anderen Morgen zur ‚Penne‘, aber, oh Schreck: Mit ein paar Backpfeifen wurde ich vom Direktor der damals königlichen Präparandenanstalt begrüßt: ‚Du Schwein, zeigst dich an einem heiligen Sonntag nackend dem Volke‘ (man galt also als nackend, wenn man auch eine Badehose trug). Ich sollte aufgrund dieser Tatsache von der Schule befördert werden, wenn nicht ein damals schon sportbegeisterter Lehrer für mich gut gesprochen hätte.*

Dass Hunecke in Fußball-Outfit seitens des prügelnden Lehrers ein ähnliches Schicksal ereilt hätte, dürfen wir ebenfalls vermuten.

All dies war ein Grund mehr für junge Fußballer, auf abgeschiedenen Plätzen „unter sich“ zu bleiben. Betrachten wir nun einmal die Spielstätten, die Osnabrücks Fußball-Pioniere zu nutzen hatten.

Schmöttke, Lehm und Holpersteine: Bolzen auf dem Klushügel

Was machten Fußballfreunde, wenn sie dem runden Leder exakt nach damals gültigen Regeln nachrennen wollen? Sie benötigen natürlich einen Platz, auf dem sie dies möglichst ungestört tun können. Im Osnabrück der Kaiserzeit waren solche Flächen recht dünn gesät. Die Engpässe an geeigneten Flächen hatten sich über Jahrzehnte nicht grundlegend verbessert. Zuweilen stand neben dem Schwarzen Platz womöglich noch der Ledenhof zur Verfügung, der jungen Menschen Ballspiele unterschiedlicher Art ermöglichte.

Oberbürgermeister Brüning war es schließlich, der sich in seiner Amtszeit zwischen 1880 und 1888 erfolgreich dafür einsetzte, dass endlich ganz offiziell eine größere städtische Fläche als „Spielplatz" zur Verfügung gestellt wurde. Dieser Ort lag nahe an der Grenze zur – bis 1914 noch selbständigen – Gemeinde Schinkel und wurde bereits damals als Klushügel bezeichnet.

In einem Bericht an die Königliche Finanzdirektion, Abteilung für Domänen, sandte Brüning am 16. Februar 1884 die folgenden Zeilen nach Hannover:

Nach sorgfältiger Abwägung aller eingeschlagenen Gesichtspunkte musste ich für Osnabrück den gewünschten großen Spielplatz an einer Stelle der Feldmark suchen, welche sich fast ausschließlich im Besitze des Königlichen Domänenfiskus befindet. Es ist dies der Klushügel, in alter Zeit Schlagvorder Berg genannt, auf welchem die letzte entscheidende Schlacht zwischen Karl dem Großen und dem Sachsenherzog Wittekind stattfand, auf dem später das St. Annenkloster gegründet wurde. Der westliche Teil dieses Hügels senkt sich allmählich zur Bohmter Straße hinab.

Wer nun glaubt, seinerzeit wären städtische Gärtner ausgeschwärmt, hätten Rasensamen gesät, alles mit schweren Walzen geebnet und sich am Ende über einen gelungenen, beinahe „englischen Rasen" gefreut, irrt sich gewaltig. Der damalige Platz war zwar großzügig in der Fläche, doch bereits der Blick auf wenige Quadratmeter offenbarte, dass er mit einer gepflegten Rasenfläche so gut wie nichts zu tun hatte.

„Nackte Erde" bestimmte das Bild. Auf der Fläche zeigten sich Holpersteine, Bodenvertiefungen, Unkraut, bei Sonnenschein pflegten lehmige Flächen zu glänzen. Regnete es, sorgten die Vertiefungen dafür, dass sich großflächige Pfützen recht beharrlich hielten. Auch Wurzelwerk dürfte recht häufig aus dem sogenannten Spielfeld geragt haben. Dennoch muss es sich in bestimmten Kreisen schnell herumgesprochen haben, welche Möglichkeiten der Klushügel trotz seiner Nachteile bot.

Junge Engländer, so können wir es auch nach Huneckes Andeutungen vermuten, könnten sich auch auf dem Klushügel als erste betätigt haben. Auf jeden Fall verabredeten sich dort eines Tages auch junge deutsche Kaufleute, aber auch Gymnasiasten, Präparanden und Seminaristen. Die beiden letztgenannten Gruppen waren angehende Lehrer, die schulähnliche Einrichtungen mit den Namen Präparandenanstalt oder Lehrerseminar besuchten. Die Gymnasiasten kamen, folgt man den späteren Berichten aus Osnabrücker Zeitungen, vom Ratsgymnasium, aus dem Carolinum oder vom sogenannten Realgymnasium. Vermutlich kam solchen Aktivitäten zugute, dass das preußische Innenministerium das Spiel an den Schulen bereits seit 1882 erlaubt hatte. Dies wiederum war nicht überall selbstverständlich. An bayerischen Schulen blieb Fußball sogar bis 1913 verboten.

Blickt man auf die soziale Landschaft der frühen Fußballjahre, fällt auf, dass Kicken lange keineswegs ein Volkssport war. Fußball blieb in den Gründungsjahren eine Disziplin für eher gehobene Gesellschaftsschichten. Noch im Jahre 1900 schloss allenfalls jeder 50. junge Mensch die Schule mit dem Abitur ab. 98 von 100 waren davon – auch wegen des immens hohen Schulgelds – ausgeschlossen. Erheblich höher war die Zahl junger Kaufleute oder angehender Volksschullehrer. Bei künftigen Volksschullehrern wie Friedel Hunecke handelte es sich zwar immer noch um eine besser gestellte, aber eine ungleich größere Gruppe: Es waren häufig Söhne von Handwerkern, kleineren Kaufleuten, Bauern oder Gastwirten, die es an jene „gemeine" Schule zog.

Da es in jener Zeit Mode in sportbegeisterten bürgerlichen Kreisen war, sich dazu heldenhafte, lateinisch abgeleitete Namen zu verpassen, waren auch die schnell gefunden: Germania, Antipodia und Minerva nannten sich die Clubs, um wiederum das englische Spiel zu pflegen. Germania galt wie Teutonia (abgeleitet vom Germanenstamm der Teutonen) oder Arminia (hergeleitet von germanischen Kämpfer Arminius) als lateinischer Begriff, der auf das „Deutschtum" abzielte. Hierdurch pflegten national gesinnte Menschen ihre Ausrichtung auszudrücken. Fußballer zeigten dabei Parallelen zu studentischen Burschenschaften oder gymnasialen Schülerverbindungen – nicht zuletzt wohl, um in gutbürgerlichen Kreisen Akzeptanz und Beachtung zu finden. Germania – zugleich eine Art germanische Nationalgöttin – war dabei eines der ältesten und häufigsten Namensrelikte. Im Deutschland der Jahrhundertwende gab es rund 220 Vereine namens Germania.

Warum andere unter dem Teamnamen Minerva zusammenfanden, können wir nur vermuten. Im Römischen Reich wurde Minerva als Beschützerin der Handwerker und des Gewerbes betrachtet. Im Laufe der Zeit wurde sie auch Schutzgöttin der Dichter und Lehrer. Minerva galt nun als die Göttin der Weisheit, der taktischen Kriegsführung, der Kunst und des Schiffbaus sowie als Hüterin des Wissens.

Warum ein weiterer Osnabrücker Zusammenschluss namens Antipodia bestand, lässt sich heute ebenfalls nur annehmen. Antipoden (zusammengesetzt aus dem griechischen antí – gegen – und poús – Fuß) bedeutete das griechische Wort für so etwas wie „Gegenfüßer". Vermutlich bezogen sich einige des Griechischen kundige Osnabrücker Gymnasiasten auf eine solche Übersetzung. Ob das aber wirklich gemeint war?

Wie der FC 1899 entstand

Am 17. April des Jahres 1899 war es in Osnabrück trotz aller Hindernisse so weit: Ein gutes halbes Jahr vor der Jahrhundertwende erblickte der Fußballclub 1899 das Licht der Osnabrücker Kickerwelt. Erst die Struktur eines Vereins, so sahen es die Gründer, bot jene Vorteile, um den Zusammenschluss langfristig zu erhalten: Ganz legal konnten Mitgliedsbeiträge erhoben werden. Verantwortliche, die man in freien Wahlen bestimmte, verfügten über einen festen Arbeitsbereich. Und nicht zuletzt konnten dem FC ganz legal Spenden zur Verfügung gestellt werden, um die ersten Ausgaben zu tätigen.

Als eigentliche Fußballpioniere fungierten Heinrich Koch, Karl und Julius Feldhoff sowie vor allem – August Wessel. Sie entstammten dem zuvor nicht „amtlich" registrierten Verein Germania. Weitere Mitglieder stammten aus den Reihen der Teams Minerva und Antipodia.

Vereinschef lebt vom Rauchen

Rauchen fördert den Fußball? Diese heute eigenartig klingende Behauptung lässt sich zumindest für die Urgeschichte des Osnabrücker Fußballs aufstellen. Beim ersten Vereinsvorsitzenden handelte es sich nämlich um August Wessel. Das Adressbuch der damaligen Zeit weist einen gleichnamigen Osnabrücker als Tabak- und Zigarrenfabrikanten aus. Er ist im 1899-er-Adressbuch der einzige, auf den dieser Name zutraf.

Der offensichtliche Gründer des Osnabrücker Fußballclubs von 1899 bestritt seinen Lebensunterhalt also mit einem Produkt, dessen Konsum beim modernen Profikicker mit sofortigem Spielverbot geahndet würde. August Wessel dürfte damit zu einem Wirtschaftszweig gezählt haben, der im Osnabrück auf der Schwelle zum 20. Jahrhundert rund 40 Betriebe umfasste. Schaut man im genannten Adressbuch des Jahres 1899 weiter in dessen Eintrag, lebte Wessel in der Heinrichstraße 30. Mit seinem Partner August Wachtmann betrieb er eine Zigarren- und Tabakfabrik am Kanzlerwall 26, also einer in jener Zeit renommierten Adresse. Inwieweit August Wessel den Tabak-Konsum von Sportlern förderte, wissen wir nicht. Entscheidend war, dass die hauptberufliche Betätigung des VfL-Gründers so erfolgreich verlief, dass er viel Zeit in „seinen" Verein investieren konnte. Falls also der Zigarrenfabrikant August Wessel tatsächlich jener Fußball-Gründer war, dürfte dessen Kompagnon August Wachtmann seinem fußballbegeisterten Kollegen so manche Tätigkeit abgenommen haben, damit sich dieser seiner Leidenschaft widmen konnte.

Wie fielen wohl heute die Reaktionen der Fußballwelt aus, wenn ein Mensch die Geschicke eines Vereins bestimmte, der sich vom keinesfalls gesunden Nikotinkonsum seiner Mitmenschen ernährte – und von seinen Überschüssen aus diesem Geschäft ausgerechnet als gesund titulierten Bewegungssport förderte? Ob sich in der damaligen Zeit irgendjemand eine solche Frage gestellt hat? Klar ist: Tabak- und Zigarrenproduzenten galten als höchst ehrbarer Berufsstand, dem allein in Osnabrück rund 40 selbständig tätige Kollegen nachgingen. Andererseits gehörte es spätestens nach der Aufnahme des Ligabetriebs ab 1906 zum guten Ton, zumindest vor den Begegnungen weder Alkohol noch Nikotin zu konsumieren. Zuwiderhandlungen kosteten empfindliche Strafgelder von 10 oder gar 20 Pfennigen, die in die Vereinskasse wanderten.

Egal, wie es nun war: Die erste Elf in Osnabrück war geboren und besaß einen ordentlich gewählten Präsidenten. Und da man bereits fleißig spielte, ging in die junge Vereinsgeschichte die erste bekannt gewordene Mannschaftsaufstellung der *99-er* ein:

Lang I, Wüstefeld I, Walkenhorst, Watermann, Becker, Molitor, Dammermann, Oberesch II, Bohnenkämper. Seeger, Hellweg.

Werber aus Bremen

Was machten nun die einzelnen begeisterten Fußballer, wenn sie ihre Kräfte messen wollten? Jahrelang gab es noch gar keinen Liga-Betrieb. Die 99-er blieben folglich meistens unter sich. Ab und an ließ sich ein Kräftemessen mit Schülermannschaften des Rats, des Carolinums oder des Realgymnasiums organisieren. Geradezu rührend empfinden wir es heute, dass internes Balltreten öffentlich als Werbeveranstaltung für Verein und Disziplin deklariert wurden. Die Kostprobe dazu lieferte eine Ankündigung in der Osnabrücker Zeitung vom 3. Januar 1902:

(Sport) Der Fußball-Club Osnabrück wird am Sonntag von 2 ½ – 4 ½ auf dem Klushügel dem Publikum ein interessantes Schauspiel bieten, indem er ein Fußball-Wettspiel abhält. Freunde dieses gesunden Sports seien darauf aufmerksam gemacht.

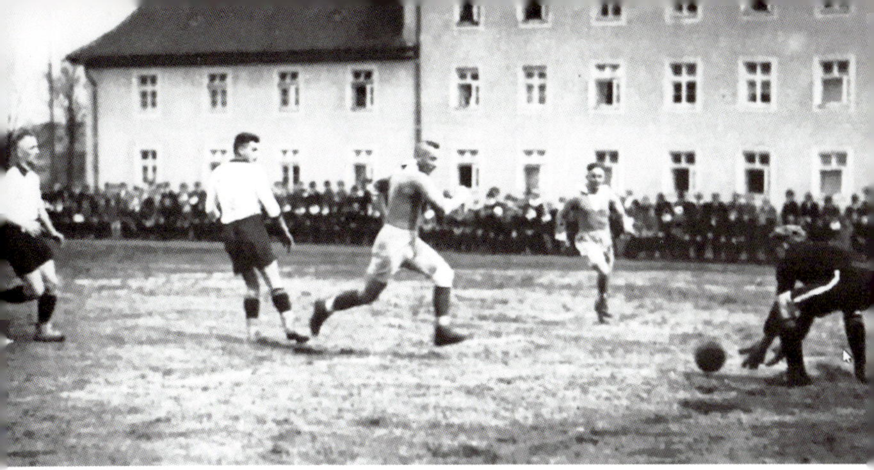

Frühes VfL-Spiel der Zwanzigerjahre auf dem Osnabrücker Schwarzen Platz. Links: VfL-Legende Friedel Hunecke, dessen Aufzeichnungen Jahrzehnte nach seinem Tod zur Grundlage des Buches „Fußlümmel und Lila-Weiße" wurden.

Erst gut drei Jahre nach seiner Gründung gelang es, dem nur langsam anwachsenden Osnabrücker Fußballpublikum das erste Kräftemessen mit einer überregional bekannten Mannschaft zu präsentieren. FC Brema Bremen hieß das Team, dass die 99-er zu Ostern 1902 auf dem Klushügel empfingen. Erstmals anwesend war auch ein Sportreporter der Osnabrücker Zeitung, der den Gegner gar (was die deutschen Fußball-Annalen allerdings nicht bestätigten konnten) als Deutschen Meister titulierte und seiner Leserschaft am 2. April folgenden Spielbericht unterbreitete:

> *(Fußballsport.) Der Fußball-Club ‚Brema' aus Bremen, welcher vor kurzem die Meisterschaft von Deutschland errungen hat und der Club ‚Osnabrück' veranstalteten am 1. Ostertage auf dem Klushügel einen Wettkampf, der unentschieden blieb. Das Ergebnis war 1:1. Viele hundert Personen schauten dem interessanten Schauspiel zu. Es ist erfreulich für den so jungen Osnabrücker Club, der noch an keinem auswärtigen Wettkampf teilgenommen hat, dass er von dem Bremer nicht geschlagen wurde.*

Dem historisch ersten Heimspiel gegen einen überregionalen Gegner schloss sich das erste Auswärtsspiel an, dessen Datum VfL-Chronist Karl Kühling leider nicht notierte. Gleichwohl erwähnt er, dass die dort von den 99-ern kassierte 4:6-Niederlage durchaus „ehrenvoll" gewesen sein muss. Interessanter war Kühlings Charakterisierung dieses Spiels:

Dass man mit dieser Spielabmachung die erste Etappe für einem zu riesigem Umfang wachsenden Fußballverkehr zurückgelegt hatte, wird keinem der damals beteiligten Spieler und Vereinsleiter klar gewesen sein.

Ebenfalls historisch, dies dürfen wir aus heutiger Sicht bemerken, war offenbar die Zuschauerresonanz. Indem der Redakteur der Osnabrücker Zeitung angesichts des „Heimspiels" gegen Brema Bremen bemerkte, diesem Kräftemessen hätten „viele Hundert" Zuschauer beigewohnt, muss es damals endgültig gelungen sein, den Fußball erstmals als Sportart mit Publikumsinteresse zu etablieren.

Dass ein wachsendes Zuschauerinteresse bei manchen allmählich selbst die Lust weckte, im Vereinsteam gegen die runde Kugel zu treten, sollte niemanden verwundern. Insofern muss, dies dürfen wir annehmen, mehr Freude als Konkurrenzdenken im Spiel gewesen sein, als sich in Osnabrück wenige Jahre nach den 99-ern weitere Clubs gründeten.

Von zweien davon lasen interessierte Leser am 20. Mai des gleichen Jahres 1902 ebenfalls in der Osnabrücker Zeitung:

(Ein Fußballwettspiel) fand gestern zwischen den beiden Clubs „Sport" und „Symphonia" auf dem Schwarzen Platz statt. Der Club ‚Sport' trug den Sieg davon. Trotz des schlechten Wetters hatte sich eine große Zahl Zuschauer eingefunden.

Leider ist bislang über diese beiden frühen FC-99-Konkurrenten nichts weiter bekannt geworden. Doch auch dieser kurze Bericht dokumentierte öffentlich zwei weitere wichtige Informationen: Zum einen diente mittlerweile auch der (hinter der Nobbenburger Straße gelegene) Schwarze Platz als Ort zum Kicken, so

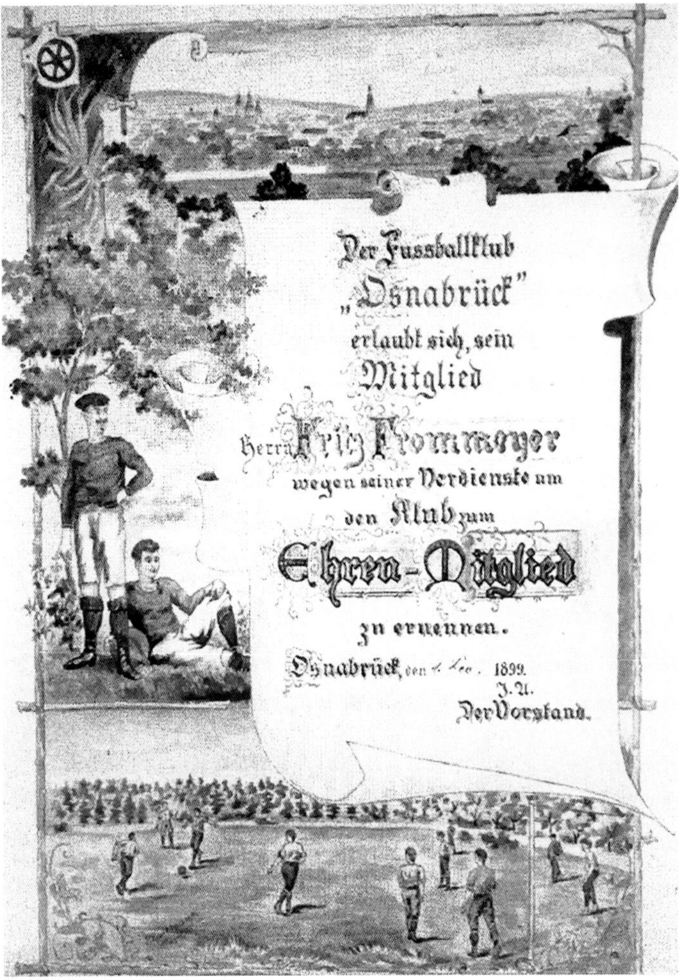

Ältestes Dokument der VfL-Geschichte: eine Urkunde aus dem Gründungsjahr 1899.

dass es mindestens ein weiteres Spielfeld gab. Zum anderen wurde unterstrichen, dass sich einmal mehr eine „große Zahl Zuschauer" eingefunden hatte.

Dies muss erst recht im Jahre 1906 der Fall gewesen sein. Denn in diesem Jahr präsentierten die 99-er dem Osnabrücker Publikum eine besondere Premiere: Es kam es zum ersten „internationalen Spiel“ gegen eine ausländische Mannschaft. Gegen Tubantia Hengelo aus den Niederlanden gewannen die Osnabrücker mit einem vielbeachteten 3:2.

Als Spieler oder Funktionsträger der 99-er machten sich so manche einen Namen, von denen wir heute oft nur die Nachnamen kennen: Zu nennen sind da die Brüder Gerhard Julius und Stephan Engelmann, als Gründungs-Initiatoren die schon erwähnten August Wessel, Julius und Karl Feldhoff, Heinrich Koch sowie Heinz Griese (er war der erste Kriegstote des Clubs). Und dass der Club seinem Mitglied Fritz Frommeyer bereits am 1. Dezember 1899 „wegen seiner Verdienste“ die Ehrenmitgliedschaft verlieh und dies mit einer prächtigen, handgemalten Urkunde dokumentierte, dürfte nicht von ungefähr gekommen sein. Weitere markante Namen waren Klinge, Loose, Peter und Willi Wiethölter, an dessen Tod eine der ersten „Gefallenenanzeigen“ in der Osnabrücker Zeitung erinnerte.

Teutonen in der Hasestadt

„Ante Portas!“ riefen verängstigte Bürger des altrömischen Reiches, wenn jemand „Vor den Toren“ ihres Imperiums auftauchte. Die germanischen Teutonen hatten dereinst gemeinsam mit den Kimbern zu jenen Germanenstämmen gehört, die im alten Rom Angst und Schrecken verbreiteten.

Deutsch-germanisch, vor allem respekteinflößend wollten in Osnabrück im Jahre 1902 auch junge Männer sein, die ihre Triumphe ganz friedlich mit dem runden Leder feierten. An der Zusammensetzung des am 24. Juni gegründeten Vereins FC Teutonia lässt sich noch heute ablesen, welche Gruppe eine besonders wichtige Rolle im frühen Osnabrücker Fußball spielen sollte: angehende Händler und Verkäufer aus eher begüterten Familien.

Karl Kühling sprach davon, dass die Gründung des FC Teutonia am 24. Juni 1902 „durch 10 Freunde“, allesamt offenbar „im jugendlichen Alter“, erfolgte. Die Osnabrücker Zeitung vom 30. Juli 1902 stellte wiederum deren berufliche Orientierung heraus:

(Fußballsport.) In letzter Zeit hat sich in unserer Stadt wiederum ein neuer Fußball-Club gebildet, welcher ausschließlich aus jungen Kaufleuten besteht. Jeden Sonntagnachmittag von 5–7 Uhr übt dieser Verein auf dem Klushügel, und ist es sehr interessant, den Spielen zuzuschauen. Junge Leute, die Liebe für diesen Sport zeigen, werden noch gern in den Verein aufgenommen.

Annehmen dürfen wir dabei sicherlich den großen Einfluss von angehenden Kaufleuten der britischen Insel, die ja sehr zahlreich im Internat der Noelleschen Handelsschule unterrichtet wurden.

Kühling berichtet, dass sich die Zahl der Teutonen rasch vermehrte: Schon im Frühjahr 1904 konnte man mindestens zwei 11-er-Teams aufbieten, denn der Verein zählte mittlerweile 28 zahlende Mitglieder. Das „Zahlen" war wiederum wichtig, weil der bereits genannte Stadtturnlehrer Schurig für die Überlassung des Klushügel-Platzes stolze 3 Mark „Hinterlegungsgebühr" verlangte. Alte Aufzeichnungen beinhalten jene Nachnamen von Fußball-Pionieren, die häufig für spielerische Qualität standen. Wer die Entwicklung der Teutonen an Namen festmachen möchte, darf hier gleich mit A und damit mit dem „Vater des Vereins" und aktivem Spieler Carl Amelung beginnen. Weitere Spieler oder Funktionsträger waren Baurichter, Hendrick Brüggemann, Emil Burgdorf, Matheides, Eduard und Emil Ehricke, Esser, „Vereinsschiff-Steuerer" Rudolf Freese und sein Bruder, H. Hackmeister, Hakemeyer, H. Huntemann, Ernst Jäger, Julius, Hermann Junge, Kohues sowie der auch in Vereinsangelegenheiten „zupackende" Hermann Kreft. Weitere namhafte Akteure waren Plantholt, Plehn, Possel, Willy, Ruprecht Schmidt und der Spieler Wellmann. Als vielseitig bekannt wurde vor allem Willy Roßkothen, der sich auch in der Leichtathletik einen Namen machte. Sie alle standen für diejenigen, die sich fortan Sonntag für Sonntag auf dem Klushügel zum Kicken trafen.

Viel schöner als Training war natürlich das Kräftemessen. Gegner waren dabei nicht nur die örtlichen Konkurrenten, sondern auch diverse Schulmannschaften. Doch selbst so etwas war nicht „umsonst" zu haben.

Weil die meisten der jungen Spieler aus „Papas“ Tasche finanziert wurden, war das Thema Geld ein ständiges Thema: Es galt als Ehrensache, Trikot, Stutzen oder Schuhe persönlich zu bezahlen. Sobald es gelang, Gastspiele bei auswärtigen Gegnern zu verabreden, tauchte ein immer wiederkehrendes Problem auf: Wer zahlte die Tickets für die Eisenbahn? Da die Höhe der Tarife nach wie vor von der Entfernung abhing, galt bereits die Anreise nach Bielefeld oder Minden als weit – die jungen Spieler mussten das nötige Geld selbst aufbringen. Irgendwann bekam die Erste Mannschaft derartige Fahrtkosten aus der Mannschaftskasse erstattet. Sobald diese durch Beiträge, Spenden oder Sammlungen üppiger gefüllt war, waren neue Fahrten zu auswärtigen Gesellschafts- oder Propagandaspielen, wie Freundschaftsspiele mit Zuschauererwartung genannt wurden, möglich. Behutsam setzten sich Jahre später bescheidene Eintrittspreise von wenigen Pfennigen durch, was frisches Geld in die Kasse spülte.

Die Presse war selbst bei Gesellschaftsspielen selten anzutreffen. Falls dann doch berichtet wurde, waren Inhalte der Fußballregeln längst nicht überall verbreitet. Zeitzeuge Karl Kühling zitierte dies mit dem Wortlaut des Berichts in einer Mindener Zeitung:

Das Interesse vieler Zuschauer ging sogar so weit, dass sie sich nicht außerhalb der Grenzen des Spielfeldes halten konnten und manche von dem Ball recht kräftig getroffen wurden. (…) Das Ergebnis des Spiels war für den hiesigen Verein ungünstig, da es den Osnabrückern gelang, sämtliche 5 Spiele zu gewinnen.

Was war geschehen? Die Teutonen hatten schlichtweg 5:0 gewonnen. Solche Siege blieben bei den spielstarken Teutonen keineswegs ungewöhnlich. Stolz machte die Osnabrücker, dass sie niemand geringerem als den Arminen in Bielefeld auf deren damaligem Heimplatz an der Kaiserstraße (heute August-Bebel-Straße) im Oktober 1905 die erste Niederlage beschert hatten.

Spielfluss aus dem Götterhimmel: Osnabrücks Olympen

Der Olymp bildet gemäß der altgriechischen Sagenwelt den Götterhimmel. Unter seinem Stammvater Zeus beherbergte dieser Olymp eine prächtige Mannschaftsstärke mit spielfreudigen Göttinnen und Göttern.

Dass die Gründer des Osnabrücker FC Olympia diesem göttlichen Ideal bei ihrer Namensgebung nacheifern wollten, können wir nur vermuten. Sicher ist, dass sich im Jahre 1903 beim Gastwirt Niederhaus an der Kommenderiestraße 15 bis 20 männliche Jugendliche zusammenfanden, um den dritten Osnabrücker Fußballclub aus der Taufe zu heben. Die Autorität für die 16- bis 17-jährigen Jungen bildete der wesentlich ältere Heinz Borgelt.

Treffpunkt zum Spiel war ein im wahrsten Sinne des Wortes durchwachsener Platz am Rande des Schölerberges. Der wiederum war städtisch und kostete, falls angemietet, bares Geld.

Was die Begeisterung der jungen Spieler allerdings noch mehr dämpfte, war die reichhaltige Strauch- und Pflanzenwelt an den einzelnen Hängen. Zeitzeugen sprachen davon, dass ins „Aus“ gedroschene Bälle tief „inne Blüsen“ flogen und, wenn überhaupt, erst nach gefühlten Stunden wiedergefunden wurden. Als Borgelt im Jahre 1905 dafür sorgte, dass die Olympen fortan – wie zuvor 99-er und Teutonen, auf dem Klushügel spielen konnten, wurde diese Nachricht eher freudig aufgenommen.

Leicht gedämpft wurde die Begeisterung durch das Ergebnis des allerersten Auswärtsspiels im gleichen Jahr: Die jungen Osnabrücker hatten dabei offenbar ihren „Laden gestrichen voll“ gehauen bekommen, was aber keinesfalls zur Resignation führte.

Wer sich im damaligen Osnabrück im Laufe der Jahre nach aktiven Olympen erkundigte, der bekam einen Menschen mit unbändigem Torinstinkt genannt. Es war ein eher kleiner und schmächtiger junger Mann namens Jüttgen Dallmeyer, dessen Qualitäten manches Fachgespräch bestimmten. Aber auch die Aktiven Robert Bode, Bowen, Oskar Dittmer, Heinz Gieseke, Adolf und Paul Halatschek, Henning, Hermann Lagemann, Hermann Leffers, Lilienthal, Bernhard Otten, August Reibestahl, Hermann Rudolf, Heinz Sanders, Hermann Schomaker, Willi Springub, Karl Steinbach, Steinecke und Walter machten sich einen Namen.

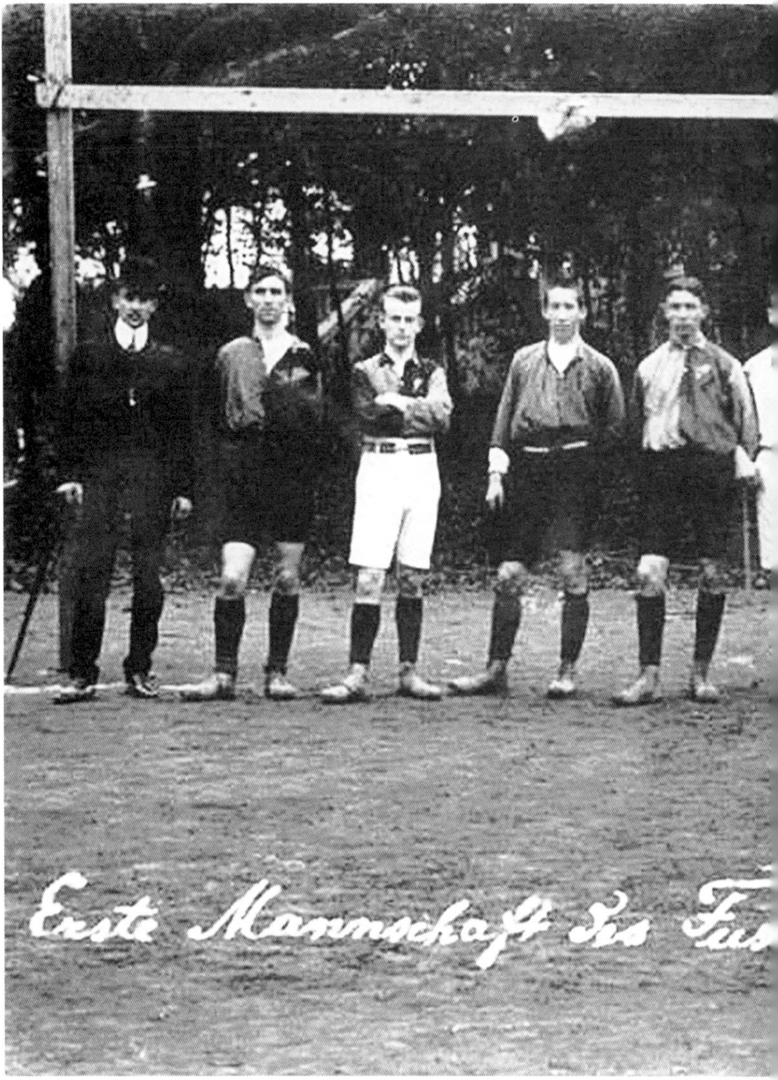

Mannschaftsbild des FC Olympia. Fünfter von rechts:
Torjäger Jüttgen Dallmeyer – einer der ersten Kriegstoten nach 1914.

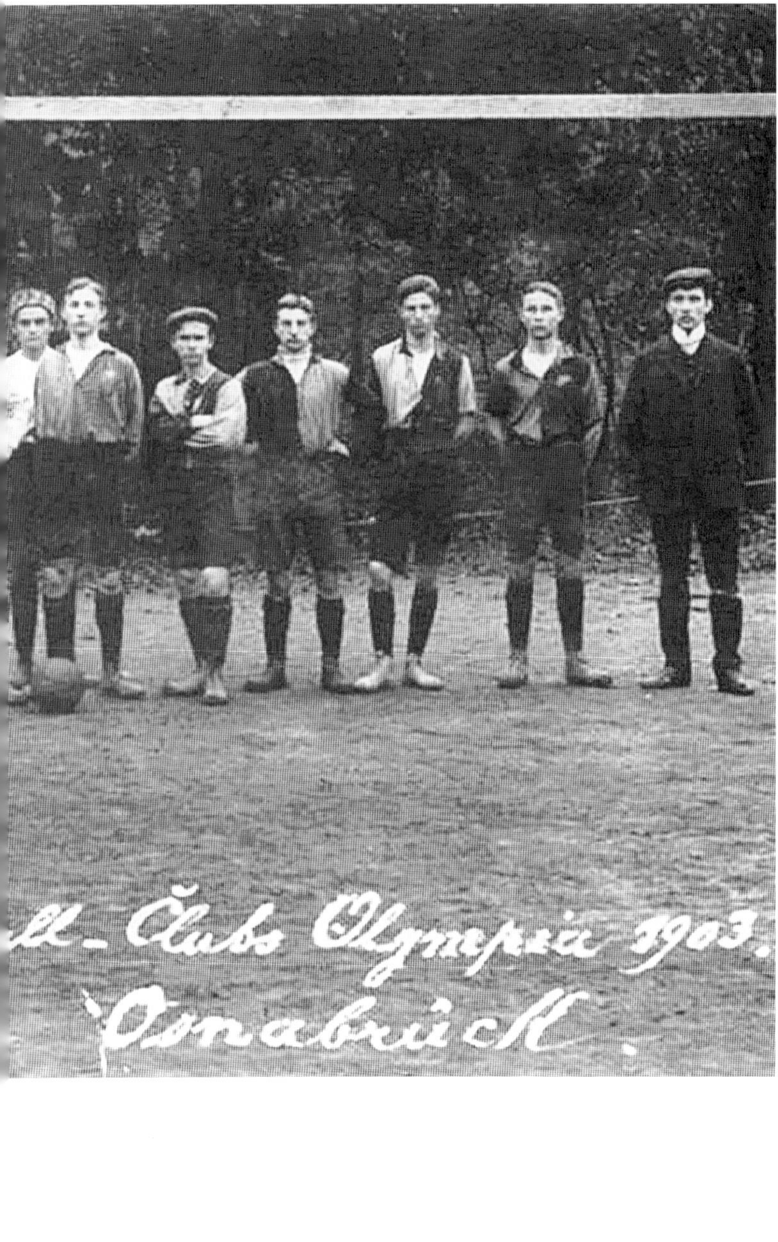
Club Olympia 1903.
Osnabrück.

Buddeln in der Gartlage: Der Ballspielverein 1905

Nur wenige aus dem Massenpublikum, das zum Ende der 1930-er Jahre auf die aufgetürmten Ränge des VfL-Platzes an der Gartlage strömte, dürften noch die junge Geschichte dieses Platzes gekannt haben. Denn es war bereits ein halbes Menschenalter her, seit sich begeisterte Fußballer des Ballspielvereins von 1905 nach ersten Er-

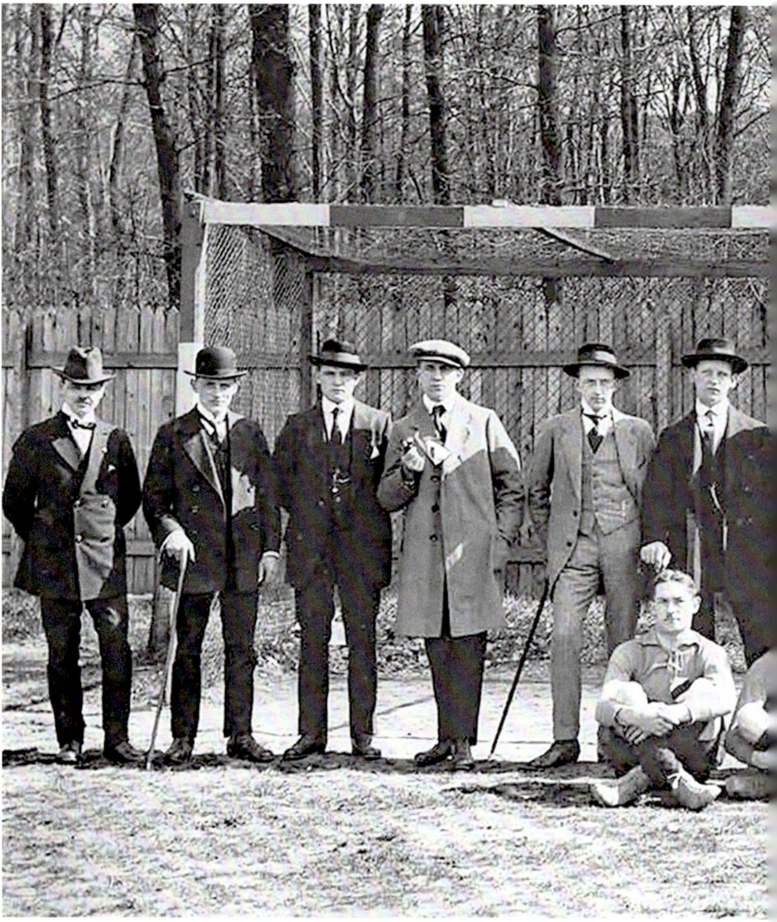

Frühes Bild des Ballspielvereins von 1905 auf dem Platz an der Gartlage: vier im Trikot, der Rest im Sonntags-Ausgeh-Anzug.

fahrungen auf anderen Plätzen aufgemacht hatten, dort zwei Jahre später mit Hacken, Schaufeln, Schubkarren und Harken ihr eigenes Spielfeld zu ebnen.

Sie kickten allerding unter diesem Namen nicht zum ersten Mal. Viele der Gründer entstammten dem FC Edelweiß. Der wiederum stammte aus der (bis 1914 eigenständigen) Ortschaft Schinkel. Die *Edelweißer* hatten sich regelmäßig darüber ärgern müssen, neben

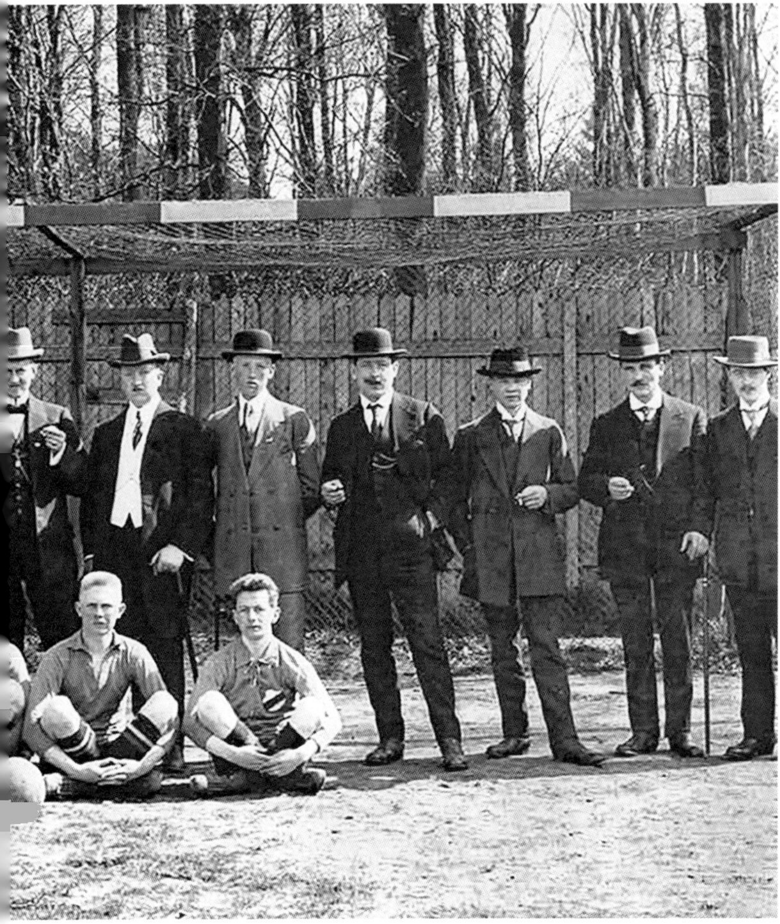

den „anerkannten“ Kickern von 99 und Teutonia nur auf einem randständigen Kleinspielfeld am Klushügel spielen zu dürfen. Um bessere Trainingsbedingungen zu finden und ihren Einfluss zu steigern, äugten sie nach ähnlich denkenden Bündnispartnern. Interessanterweise fanden sie diese im Süden Osnabrücks. Dort kickten nämlich junge Leute, die sich nach dem alten Germanenstamm FC Alemannia nannten, sich aber, wie zeitgleich die Olympen, keinesfalls mit dem Schölerberger Platz anfreunden konnten. Weil aktives Handeln höher im Kurs stand als das Meckern, taten sich Edelweiß und Alemannia zusammen. Im Restaurant *Meyerrose* an der Bohmter Straße fanden die Gründer des frisch gegründeten Osnabrücker Ballspielverein 05 ihr Domizil. Schnell umfasste die Vereinigung die stolze Zahl von 70 Mitgliedern. Zum ersten Vorsitzenden wurde August Bennewitz gewählt.

Spielstarke 05-er, wie sie in Fußballkreisen geläufig waren, gab es auch in diesem Club beachtlich viele. Allen voran genannt wurde der oben erwähnte August Bennewitz, der nicht nur als erster Vorsitzender, sondern auch als Spieler fungierte. Ebenso geläufig war dem Fachpublikum der zweite Vorsitzende und Spieler Theodor Böcker sowie dessen Nachfolger Clemens Heyl, der wiederum von Karl Detering abgelöst wurde. Andere bekannte Spielernamen waren Ahlering, Franz Bente, Johann Brinkmann und Knoche, den seine Freunde scherzhaft *Neger* nannten. Andere Spielernamen waren Grewe, Meyer, Kaspar Mischlewski, Willi Molitor, F. Nollmann, Georg, Seppel und Heini Oberesch, Franz Schürmann, Robert Treffehn und schließlich Westerfeld. Dass sich die Spielstätte an der Gartlage einer besonderen Pflege erfreute, war wiederum dem unermüdlichen Wirken von den „Platzwarten“ Gewecke, Grewe und Witt zu verdanken.

600 Teams – alle Erste Liga!

Um das Eintreten der Osnabrücker Vereine in das deutsche Liga-Geschehen besser einordnen zu können, kommen wir nicht umhin, das heutigen Beobachtern gewaltig erscheinende System zu erläutern. Denn dass sich zuweilen rund 600 (!) Vereine in über 30 höchsten Ligen als „erstklassig“ bezeichnen konnten, begründete sich allein in der auf „Mini-Spielklassen“ aufgebauten Fußball-

Szene, die einen nur kleinen Radius umfassten. Noch bis 1933 gab es in Deutschland kein wirklich überschaubares Ligasystem. Insgesamt existierten sieben Verbände:

- Nordost bzw. Baltisch
- Südost
- Berlin-Brandenburg
- Mitte
- Norddeutschland
- Westdeutschland
- Süddeutschland

Alle Verbände bestanden jeweils aus mehreren ersten Ligen. Deshalb durfte sich eine unglaublich hohe Zahl von Clubs als „erstklassig" bezeichnen.

Da sonst umständliche, teure und lange Anreisen nötig gewesen wären, wurden die geografischen Grenzen dieser Staffeln eher eng gezogen. Schließlich gab es weder Autobahnen noch schnelle und direkte Bahnverbindungen.

Und was musste ein Osnabrücker Club machen, um gar Deutscher Meister zu werden?

Zunächst ging es darum, dass die einzelnen Staffeln oder Bezirke ihre Meister bestimmten. Danach spielten diese innerhalb ihrer regionalen Verbände um den Verbandssieg. So gab es zum Beispiel einen Sieger für Westdeutschland, einen für Süddeutschland, einen für Südostdeutschland, einen für Norddeutschland usw. All diese Meister spielten im Halbfinale und im Finale gegeneinander. So stand erst ganz am Ende einer Kette von Ausscheidungsspielen der deutsche Fußballmeister fest.

Osnabrück kickt in Westfalen

Dass Osnabrück als „Stadt des Westfälischen Friedens" keineswegs zu Nordrhein-Westfalen, sondern zum norddeutschen Niedersachsen zählt, sorgt noch bis in die heutige Zeit hinein für Stirnrunzeln auf manchen Gesichtern. Auch im Osnabrücker Fußball gab lange Zeit ein Kompass die Richtung vor, der nach Westen zeigte.

Allerdings sollte es noch viele Jahre dauern, bis die Osnabrücker Fußballer lernten, nicht nur um Tore, sondern auch um Punkte zu spielen. Erst der Beitritt zu einem Verband konnte dabei den regelmäßigen und überregionalen Spielbetrieb ermöglichen. Es war die Autorität des Deutschen Fußballbundes, die anfragenden Clubs ihren Platz in einer bestimmten Liga zuwies. Immer stärker wurden dabei auch die Untergliederungen innerhalb der einzelnen Länder und Provinzen des Deutschen Reiches.

Bereits im Herbst 1905 nahmen Vertreter des FC Teutonia Kontakt zum Deutschen Fußballbund auf. Im Frühjahr 1906 wurde das Für und Wider abgewogen, sich nach Norden oder nach Westen hin zu orientieren. Eine Tagung der „Westdeutschen" in Hagen hat nach Karl Kühlings Aussage die Entscheidung in Richtung Westen bewirkt, wobei man sich bereits hier auf den regionalen Zuschnitt des sogenannten 7. Bezirks (siehe unten) einigen konnte.

Folgt man dem weiteren Bericht Kühlings, drohte der Vorläufer des späteren Westdeutschen Spielverbandes, der Rheinisch-Westfälische Spielverband, den Osnabrücker Vereinen allerdings auch damit, gegen sie im Falle des Nichtanschlusses eine sofortige Spielsperre zu verhängen.

Das Ergebnis aller Entwicklungen ließ offenkundig nicht lange auf sich warten: Die Clubs FC 1899, der FC Teutonia, der FC Olympia sowie der frisch gegründete Ballspielverein 1905 traten nach und nach dem westlichen Dachverband bei.

Weil es noch lange Jahrzehnte kein Bundesland Niedersachsen gab und sich Osnabrück als Ort im Reichsland Preußen verstand, dürfte es nicht weiter gestört haben, dass ein westdeutscher Dachverband zur ersten Heimat aller Osnabrücker Clubs wurde. Zugute kam dieser Entscheidung, dass die Nachbarorte Bielefeld oder Münster vielen Osnabrückern vertrauter waren als Städte im hohen Norden oder im Hannoveraner Raum. Andernfalls war die Hinwendung zu den Nachbarstädten auch wegen der besseren Erreichbarkeit sinnvoll: Denn die entsprechenden Bahnverbindungen waren erheblich besser als die in den „hohen Norden". Im bereits 1905 gegründeten Norddeutschen Fußball-Verband kickten folglich allein Teams aus Hamburg-Altona, Bremen, Hannover, dem Herzogtum Braunschweig, Kiel und Mecklenburg-Unterweser, was in der Hasestadt keinen Trübsinn verbreitete.

Eine kurze Episode der Eigenständigkeit bescherten Osnabrück allein jene Vereine, die sich kurzfristig einem Niedersächsischen Fußball-Verband von 1910 anschlossen. Der sollte nach Absicht seiner Gründer allein für den Großraum Osnabrück/Bielefeld zuständig sein. Die Gründung des Verbandes dürfte Ende Januar bis Anfang Februar 1910 geschehen sein, um eigene Spielgelegenheiten für bis dahin unabhängige Fußballclubs in der kleineren Region zu schaffen. Aus Osnabrück beteiligte Vereine waren ein FC Germania sowie ein FC Arminia. Da der Verband nach dem letzten Spieltag nicht mehr mit Verbandsmitteilungen an die Öffentlichkeit trat, dürfte er sich vermutlich im Sommer des Jahres 1910 bereits wieder aufgelöst haben.

Der 1907 aus dem vormaligen Rheinisch-Westfälischen Spielverband gegründete Westdeutsche Spielverband (WSV) wiederum unterteilte sein Areal in unterschiedliche „Bezirke". Er besaß dabei die Ausdehnung des heutigen Bundeslandes Nordrhein-Westfalen, aber auch den Großraum Osnabrück bis an die niederländische Grenze, die Großräume Göttingen und Kassel, Fulda, Mittelhessen und den Großraum Koblenz.

Vorgänger des WSV war der Rheinische Spiel-Verband, dessen neun Gründungsmitglieder vor allem aus dem Nahbereich des Ruhrgebietes gestammt hatten.

Nach dem Beitritt der Vereine aus Osnabrück, Marburg, Wetzlar, Gießen und Dillenburg wurde der RSV am 12. Mai 1907 in Westdeutscher Spiel Verband (WSV) umbenannt. Der WSV war wiederum in sieben Bezirke und 18 Kreise untergliedert.

Die Clubs der Hasestadt wurden dem 7. Bezirk zugeschlagen, in dem sie sich mit Teams aus Minden, dem Ravensberger Land und der Lipper Region zu messen hatten. Ur-Rivalen der Osnabrücker Clubs waren dabei nach und nach die heutigen Derby-Gegner Arminia Bielefeld und Preußen Münster.

Höchste Liga eines Bezirks war seinerzeit die Bezirksliga (Gauliga). Ihr folgte die 1. sowie 2. Bezirksklasse, der wiederum die B- sowie C-Klasse.

Am Ende waren alle VfL-Vorläufer-Vereine im 7. Bezirk vertreten. Ein Blick auf den Tabellenstand des ersten Spieljahrs dokumentiert uns heute, dass Osnabrück in Gestalt der ersten drei aufgenommenen Clubs bereits damals sowohl Pionier-Stadt als auch echte Fußball-Hochburg war:

Westdeutscher Spielverband, Bezirk VII, I. Klasse. Saison 1906/07

Platz	Verein	Spiele	S	U	N	Tore	Punkte
1.	Teutonia Osnabrück	6	5	1	0	17:6	11:1
3.	Olympia Osnabrück	6	3	0	3	13:12	6:6
4.	Arminia Bielefeld	6	3	0	3	7:7	6:6
6.	FC Osnabrück 1899	6	0	1	5	4:16	1:11

Da der Bezirk VII erst im Dezember gegründet worden war und die Meisterschaft somit nur verspätet beendet werden konnte, war den Teutonen eine weitere Teilnahme an Verbands- wie deutscher Meisterschaft nicht mehr möglich.

Neue Spielstätten – wachsende Erfolge

Das gute Abschneiden der oben verzeichneten Osnabrücker Clubs dürfte auch daran gelegen haben, dass mittlerweile einige neue Spielorte zur Verfügung standen.

Die Entscheidung, künftig auf einer neu geschaffenen Fläche namens Bellevue zu spielen, machte sowohl das Auflaufen für die Aktiven der Teutonen als auch für die 99-er attraktiver. Im damaligen Besitzer des Kaffeehauses *Bellevue*, Coesfeld, fanden die Fußballer einen entgegenkommenden Förderer. Angelegt wurde der Platz mit seiner Mithilfe am Rande des kleinen Wäldchens, das dem Kaffeehaus gegenüberlag. Man spielte somit in jener Stadtregion, die heute durch die große Sportanlage auf der Illoshöhe geprägt ist.

Nicht so schön war es, die umständlich langen Wege in dieses Areal anzutreten. Schließlich waren die Straßen noch lange nicht wie heute ausgebaut und befestigt. Friedel Hunecke wies in seinen Erinnerungen darauf hin, dass zum Bellevue „eine Pferdebahn des Gastwirts Coesfeld“ fuhr, die allerdings – für Schüler und Seminaristen teure – 10 Pfennige Fahrgeld kostete.

Gleichwohl: Zumal dann, wenn beide Vereine an der Bellevue gegeneinander antraten, war ein gewisser Zuschauer-Zuspruch unverkennbar. Nach und nach wurden jetzt auch Eintrittspreise erhoben, was die Vereinskassen zu füllen begann. Insbesondere junge Anhänger begaben sich nun zum Spielort, um die bunt gekleideten Kicker zu bewundern. Friedel Hunecke berichtet, wie er dabei sogar um die Zahlung des üblichen Eintrittsgeldes herumkam:

> *Den Zugang zum Platz musste man sich unter dem Drahtzaun verschaffen, oder, wenn man Glück hatte, ließ uns der Onkel (der Kartenverkäufer) auch ohne den üblichen Eintrittspreis von 10 Pfg. auf das Feld. Es waren nie viele Zuschauer da, aber diese, und vor allem wir Jungen, waren sehr begeistert, standen hinter den Toren und rechneten es uns zur Ehre an, wenn wir bei Ausbällen den Großen den Ball wieder zuspielen durften. Diesen Auftrag bekamen wir gleich bei freiem Eintritt an der Kasse mit: ‚Ihr müsst aber die Bälle wiederholen!' Das war doch für uns ein klarer Fall und bedurfte erst keiner besonderen Aufforderung.*

Zum Bedauern der Freunde des FC 1899 zahlte sich dessen Umzug zur Bellevue allerdings nicht aus. Es dauerte nicht lange, da hatte der Club seine vorherige Vormachtstellung im örtlichen Fußball verloren. Aktive mit den Namen Klinge, Loose, die Brüderpaare Griese, Dammermann und Engelmann sowie Wiethölter hielten die Vereinsbande trotzdem zusammen. Zusätzliche Disziplinen wie Leichtathletik mussten herhalten, um die Mitgliedszahlen zu steigern. Als besonders werbewirksam wurden sogenannte „Armeegepäckmärsche" mit häufig 35 km Marschlänge mitsamt Gepäck angesehen. Dazu knüpften die Vereinsoberen erfolgreich Kontakte zum örtlichen Militär, insbesondere zum im Ort einquartierten 78-er-Regiment. Hohe Offiziere wie General von Emmich oder Oberst Winkelhausen übernahmen es gern, die zackig angetretenen Sieger feierlich auszuzeichnen. Markant war, dass auch Frühjahrswaldläufe zum Repertoire der 99-er zählten, was durchaus aktuelle Parallelen zum heutigen Volkssport des Langlaufs ermöglicht.

Aber auch andere Spielstätten entwickelten sich allmählich zu vielgenutzten Orten fußballbegeisterter Begegnungen. Das Beispiel des FC 1899, sich einen Platz außerhalb des ungeliebten Klushügels zu schaffen, machte schließlich Schule.

Es waren die Aktiven des Ballspielvereins von 1905, die den nächsten Schritt dazu wagten. Vor allem der neue Vorsitzende Theodor Böckers trieb die Platz-Idee voran. Im Jahre 1907 war es schließlich so weit: Es wurde jenes Grundstück in der Gartlage angepachtet, welches mehr als 30 Jahre später eine überregionale Bekanntheit erlangen sollte. Mit Schaufeln, Spitzhacken, Schubkarren und glattziehenden Harken machten sich die Vereinsmitglieder persönlich ans Werk und schufen ein Spielfeld, das in Osnabrück bald seinesgleichen suchte. Dass der Platz schnell zu einem Ort sportlicher Triumphe wurde, kam nicht von selbst: In der Spielzeit 1909/10 wurde von den 05-ern – direkt vor den benachbarten Teutonen – die Bezirksmeisterschaft errungen.

Im Jahre 1909 konnten schließlich auch die Olympen den von ihnen gemieteten (und danach ebenfalls höchstpersönlich hergerichteten) Platz auf der Ersten Blumenhalle spielerisch einweihen. Auch für Olympia bedeutete dies den Beginn ihrer eigentlichen Blütezeit. Auf dem neuen Platz zogen vor allem attraktive Gegner von Gesellschafts- bzw. Propagandaspielen beachtliche Zuschauerzahlen an. Ob es der damalige westdeutsche Meister Preußen Duisburg, der Marine-SV Wilhelmshaven oder der FC Mönchengladbach waren: Die Olympen erwiesen sich als zumindest gleichwertige und hochgeachtete Gegner. Krönung der Entwicklung war im Jahre 1911 – als Nachfolger des BV 05 – die Erringung der Bezirksmeisterschaft.

Talente werden denunziert: Niedergang des FC Olympia

Nicht wenige der betulich wachsenden Fußballbeobachter dürften im Jahre 1911 zur festen Überzeugung gelangt sein, beim Osnabrücker FC Olympia handelte es sich um ein Team mit großartiger Zukunft. Allein der eher kleingewachsene Torjäger Jüttgen Dallmeyer sorgte mit seiner steigenden Trefferausbeute für Gesprächsstoff in städtischen Kreisen, die weit über die allmählich größer werdende Fußball-Szene hinausging.

Nach der Bezirksmeisterschaft standen die ersehnten Ausscheidungsspiele für die Westdeutsche Meisterschaft an. Deren Sieger wiederum besaßen die einmalige Chance, es in den Endrundenspielen bis zur Deutschen Meisterschaft zu bringen.

Der FC Olympia startete geradezu furios. In Dortmund feierte man gegen den Kasseler FV (2:1), in Kassel wiederum gegen den 1. FC Borussia Fulda (3:1) die ersten Triumphe. Dann geschah etwas Unglaubliches, das nichts mit gutem Sport zu tun hatte: Leistungsträger des Teams, allesamt Lehramtsanwärter, erhielten in ihren Briefkästen ähnlich lautende anonyme Briefe. Welche konkreten Inhalte jene Drohbriefe aufwiesen, ist nicht überliefert. Vermuten lässt uns, dass es die seitens der nationalistisch verirrten Turnerschaft bekannten Schmähungen als „Fußlümmel" oder „Träger der englischen Krankheit" waren, welche die einzelnen Zeilen der Briefe beherrschten. Hinzu mussten üble Erpressungen gekommen sein, die sich direkt auf die Zukunft der Lehramtsanwärter bezogen. Die Beschimpften sahen sich somit vor eine brutal anmutende Alternative gestellt: „Fußball oder Berufseinstieg als Lehrer?"

Die so übel Erpressten entschieden sich allesamt für ihre berufliche Zukunft. Die angehenden Lehrer traten nicht mehr zu den weiteren Qualifikationsspielen an. Damit hatten die anonymen Schreiberlinge ihr Ziel erreicht. Es folgte ein sportliches Desaster: Die Mannschaftsreise, die man am 7. April nach Elberfeld (heute Wuppertal) antreten musste, um auf den Duisburger Club VfvB Ruhrort 1900 zu treffen, erfolgte mit einer Rumpfmannschaft. Verstärkt wurde sie durch Kicker aus der zweiten Reihe. Das Spiel ging hoch mit 1:6 verloren. Der Traum von der Westdeutschen Meisterschaft, die den Weg zu noch höheren Weihen geebnet hätte, hatte sich in nichts aufgelöst.

Nie mehr gelang es den Olympen in den Folgejahren, an die alte Stärke anzuknüpfen. Chronist Karl Kühling fand für das Geschehene eine eindeutige Wertung:

> *Wäre solche Niedertracht nicht geschehen, so hätte Osnabrück vielleicht damals schon den Meister eines offiziell abgegrenzten großen deutschen Fußballgaues in seinen Mauern gehabt.*

Am 4. Juni 1911 wurde der Berliner TuFC Viktoria 1889 deutscher Meister, der den VfB Leipzig auf dem Dresdner Sportplatz an der Hygieneausstellung mit 3:1 geschlagen hatte. Wer weiß?

Vielleicht hätte es einen ganz anderen Endspielteilnehmer gegeben, wenn ein Westdeutscher Meister namens FC Olympia Osnabrück die Ausscheidungsspiele zur deutschen Meisterschaft ausgetragen hätte?

Das Ende einer Hochphase

Die Drohbriefschreiber dürften sich triumphierend die Hände gerieben haben: Nach den Geschehnissen um ihre anonymen Beschimpfungen gelang es bis zum Kriegsbeginn 1914 keinem Osnabrücker Verein mehr, die Meisterschaft im 7. Bezirk zu erringen. Dass Osnabrücker Vereine nun Preußen Münster und, sogar zweimal, Arminia Bielefeld die Meisterschaft überlassen mussten, tat allerdings der ausgezeichneten Rolle Osnabrücker Clubs in dieser Liga keinen Abbruch.

Dass es keinem hiesigen Team gelang, weder die Westdeutsche noch eine höher angesiedelte Meisterschaft zu erringen, wurde an der Hase also eher sportlich genommen. Denn eine Erkenntnis betraf alle bislang erwähnten Osnabrücker Clubs: Es gab bis zum Ersten Weltkrieg nur wenige Städte vergleichbarer Größe, die – auf die Gesamtheit der Jahre bezogen – so viele hochklassige Vereine aufweisen konnten. Die dem Westdeutschen Verband angehörenden sieben Osnabrücker Vereine verfügten über insgesamt 451 Mitglieder, was einer Durchschnittsanzahl von 64 je Verein entsprach. Dies klingt zwar aus heutiger Sicht mehr als bescheiden. Da aber davon auszugehen war, dass die allermeisten Mitglieder nicht nur still ihren Beitrag entrichteten, sondern auch aktiv spielten, dürften inklusive der Reserve-Teams pro Klub jeweils zwei bis vier Mannschaften aufgelaufen sein.

Zumal ein Chronist in der Gegenwart immer klüger ist als die Akteure der Vergangenheit, muss eine Vermutung erlaubt sein: Was wäre wohl gewesen, hätte es den späteren VfL als Zusammenschluss der Besten aus mehreren Vereinen bereits vorher gegeben? Der Presseausschuss des VfL sah es im Nachhinein so. Er sandte diese Wertung der Osnabrücker Zeitung zu, die die Sichtweise am 16. Oktober 1925 abdruckte:

Schon in der Vorkriegszeit stellte Osnabrück eine nicht zu unterschätzende Klasse von Fußballern, doch blieb ein durchschlagender Erfolg aus, weil eine Zerrissenheit talentierter und zu einer Meisterelf geeigneter Spieler durch zu viele Vereinsgründungen Platz griff.

Lässt man ausnahmsweise das viel bedeutsamere und vor allem tragische Geschehen auf den Schlachtfeldern des Ersten Weltkrieges außer Acht, darf behauptet werden, dass die Vorkriegszeit rein spielerisch eine erfolgreiche Zeit für die Osnabrücker Vereine war. Die lang verfemte Englische Krankheit hatte zwischen Teutoburger Wald und Wiehengebirge so viele Menschen „infiziert", dass der Fußball in Osnabrück schon vor 1914 ein festes Zuhause besaß.

Nach Ausbruch des Ersten Weltkriegs im Spätsommer 1914 war bis 1919 kein „normaler" Ligabetrieb mehr möglich. Die meisten Mannschaften konnten infolge der Massenrekrutierung junger Männer für den Fronteinsatz nicht mehr genügend Spieler aufbieten. Allein der erstmals in einer höheren Liga antretende SV 1908 Osnabrück brachte es zustande, dazu eine spielstarke Mannschaft aufzubieten. Die fehlenden Spieler hatten ihr Trikot längst gegen die Uniform getauscht und kämpften auf den Schlachtfeldern um ihr nacktes Überleben.

Während auf Kreisebene noch einzelne Begegnungen stattfanden, konnten weder die westdeutsche noch die Deutsche Meisterschaft mehr ausgetragen werden. Aus der Saison 1916/17 liegen für den Kreis Westfalen – Bezirk Münster-Osnabrück gar keine Ergebnisse mehr vor. Die Meisterschaft der letzten Kriegssaison 1917/18 wurde als „abgebrochen" bezeichnet.

Attacken, Schüsse und Granaten: Fußball übernimmt Soldatensprache

Um die Bilanz der Vorkriegszeit sowie weitere Geschehnisse über die im DFB organisierten deutschen Fußballvereine besser verstehen zu können, ist ein kleiner Exkurs in die „geistige Welt" des dort erlebten Fußballs nötig.

In der Tat: Dass sich auch Vorgänger-Vereine des VfL – wie der FC 1899 – so gern mit soldatisch anmutenden Veranstaltungen wie „Armeegepäckmärschen" schmückten, klingt aus heutiger Sicht eigenartig und befremdlich. Verständlicher wird es, wenn wir einen Blick auf die immer enger gezogenen Bande zwischen deutschem Militär und den Fußballvereinen jener Zeit werfen. Denn dies zeigte sich in den Osnabrücker Kasernen nicht anders als überall im Reich. In der Gründerzeit des deutschen Fußballs, also in der Zeit vor dem Ersten Weltkrieg, war das Militär ein zentraler Teil der Gesellschaft. Und nicht nur das: Der gesamte europäische Fußball war zu einer Zeit populär geworden, in der das Militär eine völlig andere Bedeutung für die Gesellschaft hatte als heute. In der Zeit des preußischen Kaiserreiches war das Soldatendasein, ganz zu schweigen vom Rang eines Offiziers, stark mit Achtung, Würde und Ehre verbunden. Daneben gab es zu dieser Zeit eine allgemeine Wehrpflicht, so dass jeder männliche Bürger mit den Strukturen und der Bedeutung des Militärs vertraut war. Carl Zuckmayer (1896 – 1977) hat dieser deutschen Tradition mit seinem Stück *Der Hauptmann von Köpenick* ein ewiges Denkmal gesetzt.

Dies war Voraussetzung dafür, dass Militärbegriffe im Fußball eingesetzt werden konnten, die von der gesamten Bevölkerung verstanden werden konnten. Auch wenn jemand keine Vorstellung davon hatte, wie ein Fußballspiel aufgebaut war, konnte er durch die verwandten Militär-Begriffe schnell nachfühlen, wie dieser Sport funktionierte. Jedem „guten Deutschen", der mit der Sprache des Soldatentums vertraut war, offenbarte sich schnell die Welt des Fußballs. Schließlich war diese Disziplin spätestens, als sich Kronprinz und Kaiser als Anhänger des Sports bekannten, zur beliebten Militärsportart geworden: Auf dem Kasernenhof wurde irgendwann auch in Osnabrück gekickt – und brachte ganz nebenher auch solchen Bevölkerungsgruppen das runde Leder näher, die vorher abseits gestanden hatten: Volksschülern, Lehrlingen, Arbeitern und kleinen Angestellten.

Vor allem der Alltag der Soldatenwelt umfasste Begriffe, die in beiden Welten – Militärausbildung und Fußball – reichlich gebraucht wurden. Das beginnt schon damit, dass ein Fußballspiel als Kampf bezeichnet wurde. Schnell entwickeln sich Attacke, Angriff und Verteidigung, Sieg und Niederlage. Alles kämpft auf dem Feld.

Zwei sich bekämpfende Lager sind mit unterschiedlichen Trikots uniformiert, um den Gegner besser zu erkennen und die eigenen Leute fester an sich zu binden. Flanken kannte man in anderer Bedeutung auch von militärischen Offensiven. Den Ball gilt es wie das Areal des Gegners zu erobern. Schuss, gar Bombe und Granate taten ihr übriges. Und Mann gegen Mann stand man sich ja auch im erdachten Kriegsgeschehen gegenüber.

Offiziere wie Soldaten konnten das Fußballspiel mit einer klassischen Feldschlacht vergleichen: Zwei gegnerische Mannschaften – von einem möglichst genialen Feldherrn geführt und unterstützt von den eigenen, Kampfparolen brüllenden Schlachtenbummlern – standen sich in taktisch vermeintlich sinnvollen Aufstellungen gegenüber, um sich gegenseitig zu bekämpfen und einander zu besiegen. Dabei sind belagerte Flächen, Schüsse und Granaten oder auch Angreifer und Verteidiger üblich und erwünscht. Ein Schützenfest gegen einen Erzfeind bietet besonderen Anlass zur Freude. Vorrangiges Ziel ist es, das Geschehen vom eigenen Terrain fernzuhalten und sich durch eine starke Defensive zu schützen, andererseits aber auch durch frühes Attackieren in aggressiver Weise das Heft in die Hand zu nehmen.

Der Trainer steht wie ein Feldherr am Rande, postiert Angriff wie Verteidigung und appelliert zur Sammlung der Kräfte im Raum, um danach mit der Offensivschlacht zu beginnen.

Kurz: Um den bürgerlichen Fußball seiner ersten Jahrzehnte richtig einordnen zu können, kommen wir nicht umhin, ganz eindeutig den Missbrauch des fußballerischen Idealismus durch kriegsverherrlichende Ideologien zu benennen. Dass dies weit über den Ersten Weltkrieg hinaus der Fall war, belegten immer wieder Hinweise darauf, dass Fußball auch so etwas wie Militärerziehung bedeutete. Schließlich gab es bis zur Machtergreifung der Nazis keine allgemeine Wehrpflicht – und vor allem die DFB-Vereine nahmen gern und bereitwillig ihre Rolle als Armee-Ersatz an.

In der NS-Zeit nach 1933 wurde dies naturgemäß besonders deutlich: Soldatentum wurde gepredigt und das Sterben an der Front nahezu verherrlicht. Sehr deutlich kam dies auch in der bereits häufig zitierten VfL-Festschrift von 1939 zum Ausdruck. Autor Karl Kühling widmete seinen Text exakt denen, die für angeblich aufopfernde soldatische Werte standen:

Dem Idealismus jener Pioniere, ihrem völkischen Verantwortungsbewusstsein, das in der Stunde höchster Volksnot im Opfer von Leib und Leben seine letzte Weihe empfing, ihrem frischen Wagemut und ihrem zähen Trotz, der alle Widerwärtigkeiten überwand, gelten diese Zeilen.

Dass Kühling derartige Formulierungen ausgerechnet am Vorabend des Zweiten Weltkriegs suchte, klingt für heutige Leser reichlich makaber. Dass der Autor seine Wortwahl sogar angesichts der tragischen Erfahrungen im Weltkrieg davor traf, warf ein bezeichnendes Licht auf ihn und auf den öffentlich vorherrschenden Fußball-Geist jener Zeit. War dieser Geist für die Aktiven tatsächlich dazu da, um durch „Opfer von Leib und Leben seine letzte Weihe" zu empfangen? Im Folgekapitel dürfen wir nachlesen, was dieser Geist in den Reihen begeisterter Osnabrücker Fußballer anrichtete.

Spielertod im Schützengraben: Jüttgens trauriger Abschied

Dass auch alle VfL-Gründer schnell in das 1914 entfachte Kriegsgeschehen hineingerieten, war kaum zu verhindern. Das Recht auf Kriegsdienstverweigerung gab es noch lange nicht. Im Gegenteil: Die immer wieder betonte Liebe zum Militärischen hatte besonders unzählige Fußballer erfasst. Die nationalistische Woge, die Schüler, Lehramtsanwärter, Studenten, Angestellte und Beamte, selbst zahllose Lehrlinge und Arbeiter erfasste, machte auch unter Kickern nicht Halt.

„Fußball und Leid sind eng miteinander verknüpft", lautet eine zeitlose Fußballweisheit. Sie wurde im Weltkrieg auf eine äußerst makabre Weise auf das Schlachtfeld übertragen. Die Erkenntnis, dass sogar Fußball und Tod eine tragische Beziehung miteinander eingehen können, erfuhren die Urgründer unseres VfL vor gut 100 Jahren recht konkret. Wir erinnern uns: Vor allem der FC 1899, der dem VfL sein stolzes Gründungsdatum bescherte, wartete mit den bereits erwähnten militärischen Angeboten auf. Letzteres entsprach dem vermeintlichen Geist der Zeit und hatte

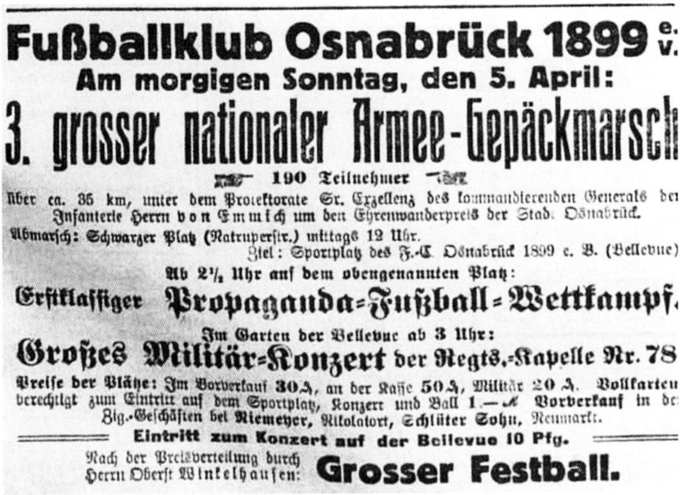

Fußballklub Osnabrück 1899 e. V.

Am morgigen Sonntag, den 5. April:

3. grosser nationaler Armee-Gepäckmarsch

190 Teilnehmer

über ca. 35 km, unter dem Protektorate Sr. Exzellenz des kommandierenden Generals der Infanterie Herrn von Emmich um den Ehrenwanderpreis der Stadt Osnabrück.

Abmarsch: Schwarzer Platz (Natruperstr.) mittags 12 Uhr.

Ziel: Sportplatz des F.-C. Osnabrück 1899 e. V. (Bellevue)

Ab 2½ Uhr auf dem obengenannten Platz:

Erstklassiger Propaganda-Fußball-Wettkampf.

Im Garten der Bellevue ab 3 Uhr:

Großes Militär-Konzert der Regts.-Kapelle Nr. 78

Preise der Plätze: Im Vorverkauf 30 ₰, an der Kasse 50 ₰, Militär 20 ₰. Vollkarten berechtigt zum Eintritt auf dem Sportplatz, Konzert und Ball 1.— ℳ Vorverkauf in den Zig.-Geschäften bei Niemeyer, Nikolaiort, Schlüter Sohn, Neumarkt.

Eintritt zum Konzert auf der Bellevue 10 Pfg.

Nach der Preisverteilung durch Herrn Oberst Winkelhausen: Grosser Festball.

1914 hat sich auch der Osnabrücker Fußball längst militarisiert: Event mit einem „Armee-Gepäckmarsch" des FC 1899.

– der sozialistische Arbeitersport sei hier ausgenommen – einen Großteil der Gesellschaft erfasst.

Zuletzt am Sonntag, dem 5. April, hatte der Verein in Gestalt einer großformatigen Zeitungsanzeige – offenbar bereits zum dritten Mal – zu einem „großen nationalen Armee-Gepäckmarsch" für 190 Teilnehmer eingeladen. Stolze 35 Kilometer samt schwerem Gepäck waren absolviert worden. Preise, ein „Propaganda-Fußball-Wettkampf" sowie ein abendlicher Ball hatten den militaristischen Großkampftag abgerundet.

Die Osnabrücker Zeitung vom 4. April 1914 hatte zuvor alles in großen Lettern angekündigt. Es galt für die Veranstalter offenbar als logisch, dass gute Sportler auch ausdauernde Soldaten sein müssen. Wohl niemandem war an jenem Apriltag 1914 bewusst, dass nur vier Monate später das grausige Völkermorden des Ersten Weltkriegs einsetzen würde, das rund zehn Millionen Soldaten und acht Millionen Zivilisten ihr Leben kosten sollte.

Unter denjenigen, die nicht aus den blutgetränkten Schlachtfeldern heimkehrten, waren zahlreiche Fußballer, die zur frühesten

VfL-Geschichte gehören. Von 123 Vereinsmitgliedern des FC 1899 waren 104 in die graue Felduniform gesteckt worden. Schon im August 1914 starb als erster Heinz Giese, im September folgte Willi Wiethölter. Insgesamt kehrten zwölf Fußballer der 1899-er niemals nach Hause zurück. Noch mehr konnten als Kriegskrüppel nie mehr ihren geliebten Sport betreiben. Man sah diese ehemaligen Kicker dann in den Folgejahren höchstens noch als Kriegsversehrte in den Zuschauerreihen.

Bei anderen Vereinen sah es noch fataler aus: Vom FC Teutonia – vielfacher Meister seiner Liga – blieb nahezu die Hälfte der letzten Meistermannschaft tot im „Felde der Ehre“ zurück. Von 150 Mitgliedern des Ballspielvereins von 1905 waren 100 sofort einberufen worden. 16 der besten 05-er verbluteten elendig auf dem „Felde der Ehre“.

Besonderes Aufsehen bewirkte ein Spieler des FC Olympia, dessen Balltreter im Volksmund immer gern die Olympen gerufen wurden. Es war der bereits eingangs vorgestellten Torjäger Jüttgen Dallmeyer. Dieser war mit seiner kolossalen Trefferausbeute zweifellos ein erfolgreicher Vorgänger späterer Größen wie *Addi* Vetter, Wolfgang Kaniber oder Tommy Reichenberger. Der Abschied Jüttgens verlief traurig und ließ womöglich Tragisches erahnen: Er, eingezogen als Unteroffizier, wollte ein letztes Mal seine Mitspieler sehen. Darum begab er sich am ersten Sonntagmorgen nach Kriegsbeginn noch einmal zur Vereinsgaststätte am Petersburger Hof. Doch Jüttgen traf zu seiner herben Enttäuschung niemanden an. Er verewigte sich dann höflich an der Vereinstafel und notierte dort „Auf Wiedersehen! Jüttgen.“ Niemand seiner Freunde sah den legendären Spieler wieder.

Als der Krieg schließlich am Tage der Novemberrevolution am 9. November 1918 zu Ende ging, beklagten alle Vorläufermannschaften des VfL eine Todesliste, die tiefe Betroffenheit auslöste.

Exakt 58 Namen waren es, die viel später im Spätsommer 1939 in der Chronik *40 Jahre VfL Osnabrück* verzeichnet waren. Dass diese Würdigung streng im Geiste der neuen nationalsozialistischen Machthaber erfolgte, dokumentierten die prosaischen Eingangsverse der Gedenktafel:

Hab und Leben / Dir zu geben
Sind wir allesamt bereit;
Sterben gern zu jeder Stunde,
Achten nicht der Todeswunde,
Wenn das Vaterland gebeut!

„Gebeut" ist das altdeutsche Wort für „gebietet". Zitiert waren die schwülstigen Zeilen aus dem *Deutschen Bundeslied*, welches August Niemann bereits im Jahre 1781 verfasst hatte und das zum beliebten Lieder-Repertoire nationalistischer studentischer Burschenschafter gehörte. Für alle Fußballfreunde, bei denen die Trauer um die toten Freunde vorherrschte, mussten derartige Zeilen – zumal am Vorabend eines neuen Weltkrieges zitiert – wie blanker Hohn klingen.

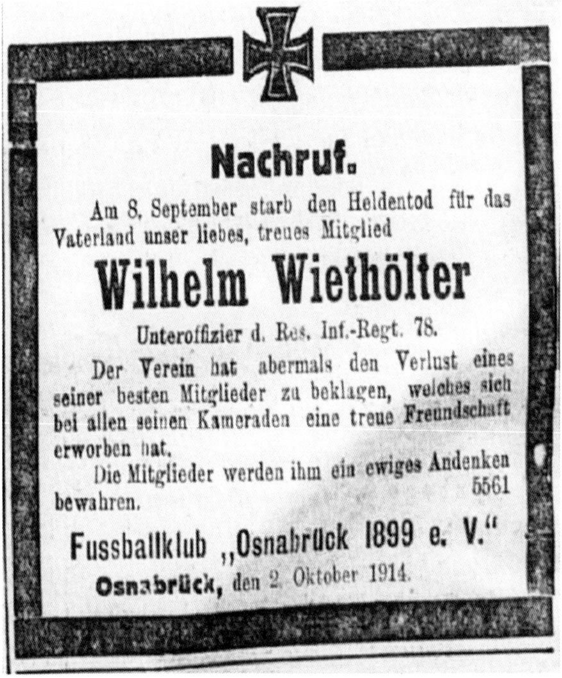

Nachruf.

Am 8. September starb den Heldentod für das Vaterland unser liebes, treues Mitglied

Wilhelm Wiethölter

Unteroffizier d. Res. Inf.-Regt. 78.

Der Verein hat abermals den Verlust eines seiner besten Mitglieder zu beklagen, welches sich bei allen seinen Kameraden eine treue Freundschaft erworben hat.

Die Mitglieder werden ihm ein ewiges Andenken bewahren. 5561

Fussballklub „Osnabrück 1899 e. V."

Osnabrück, den 2. Oktober 1914.

Traueranzeige für Willi Wiethölter, Spieler des FC 1899.

Vom Schlachtfeld zum Spielfeld: Trauer und Vereinsfusionen

Bevor wir uns dem sportlichen Geschehen der Zeit nach dem Ersten Weltkrieg zuwenden, ist es nötig, einen Blick auf die damalige Situation innerhalb der Stadt zu werfen: Das Osnabrück der Nachkriegszeit zählte exakt 80.048 Einwohner. Davon war ein gutes Fünftel, rund 15.000, aktive Kriegsteilnehmer gewesen. Leid über die Familien hatten nicht nur 2.200 tote Soldaten, sondern auch 4.000 Kriegsversehrte gebracht. Die wirtschaftliche Situation lässt sich heute nur ansatzweise ermessen. Wir dürfen davon ausgehen, dass an einen normalen beruflichen Alltag zumindest bis zum Frühjahr 1919 kaum zu denken war. Die folgenden Beschäftigtenzahlen müssen deshalb, zumal sie auch zwangsbeschäftigte Kriegsgefangene und „notbeschäftigte" Frauen beinhalten, unter Vorbehalt gesehen werden: Größter Arbeitgeber war danach – folgt man den Beschäftigtenzahlen aus dem letzten Kriegsmonat – das Osnabrücker Stahlwerk mit rund 3.200 Beschäftigten. Ihm folgen das Hüttenwerk mit rund 2.200, das Kupfer- und Drahtwerk (OKD) mit knapp 1.000, die Eisenbahn-Signalwerke mit rund 700 und die Piesberger Steinbrüche mit 550 Arbeitenden.

Eingerechnet in diese Beschäftigtenzahlen waren rund 2.000 Kriegsgefangene, die nach dem 9. November heimkehrten. Ebenfalls eingerechnet waren rund 1.500 Frauen, die allmählich heimkehrenden Männern, bei weitem nicht immer freiwillig, ihre Arbeitsplätze überlassen mussten. Große Probleme erzeugte das nötig gewordene Umstellen der Kriegsproduktion auf zivile Güter. Fußballer, die zur Jahreswende 1918/1919 zurück in ihre Heimatstadt kamen, fanden somit eine komplizierte, häufig sogar eine verheerende wirtschaftliche und soziale Situation vor. Während es in den klassischen bürgerlichen Familien noch halbwegs erträglich zuging, lebten die ärmeren Osnabrücker in Mangelbehausungen und aßen zu großen Teilen in Armenküchen. Vor allem Kriegsversehrte, deren Versorgung völlig unsicher war, standen mit ihren Familien vor dem absoluten Nichts. Die Hungerblockade der Siegermächte, karge Lebensmittelkarten, Überlebenshändel auf dem Schwarzmarkt, die „Kohlrübenwinter" seit 1916 hatten ihre Spuren hinterlassen. Hinzu kamen die Auflösung von Sparguthaben, extreme Rohstoffarmut, das nackte Überleben durch Hamsterkäufe oder Schwarzmarkt-Händel, überforderte Volksküchen und Lazarette. Darüber hinaus traten täglicher Hunger, Epidemien oder Mangelkrankheiten auf.

War in einer solchen Situation überhaupt wieder an das Fußballspielen zu denken? „Gerade jetzt!", scheinen sich einige Unentwegte gedacht haben. Auf der anderen Seite waren die Folgen des Krieges auch im Sport unübersehbar: Besonders in den Reihen der stets sehr jungen Spieler-Kader des FC Teutonia und des FC Olympia hatte das sinnlose Massensterben auf den Schlachtfeldern Einzug gehalten. Der vormalige Kriegsfreiwillige Friedel Hunecke beschrieb in seinen Erinnerungen, welche Konsequenzen aus dem blutigen Aderlass der ehemals so stolzen Mannschaften gezogen wurden:

> *Als der Krieg beendet war und die überlebenden ‚Teutonen' und ‚Olympen' wieder zusammentrafen, sah man mit Schrecken die unausfüllbaren Lücken, die in die Reihen der Mannschaften gerissen waren. Unausfüllbar? Nein, wir Heimgekehrten fanden uns eines Abends im damaligen Kaiser-Café am Nikolaiort zu einer Besprechung zusammen, vergaßen die alte Gegnerschaft der Teutonen und Olympen und gründeten die Osnabrücker Sportvereinigung. Einen Sportplatz fanden wir am Schölerberg vor, der zwar nicht den Anforderungen entsprach, aber immerhin als Trainingsfeld genutzt werden konnte. Die Tore bauten wir vor und nach dem Üben auf und ab. Sie wurden im Cafe Schölerberg untergestellt. Nach 4 Wochen hatten wir das Gerippe einer Mannschaft zusammen und 15 aktive Spieler beieinander. Ich übernahm den Mittelläuferposten, den ich nun während der nächsten 10 Jahre verwalten sollte, bestimmt im Fußballeben eine Seltenheit.*

Hunecke beschreibt an gleicher Stelle weiter, dass ebenso zügig ein Management auf die Beine gestellt wurde: Heinz Borgelt und Heinz Sanders waren es, die von nun an für lange Jahre den Vereinskurs bestimmten. Welch großer Pioniergeist nach den langen

Kriegsjahren vorherrschte, wird aus Huneckes Zusatzbemerkung klar, denn etliches musste fortan aus eigener Tasche beglichen werden:

Schuhe, Stutzen, Hose wurden von den Spielern angeschafft, für Anschaffung der Trikots musste die junge Vereinskasse sorgen. Wir wählten die weinrote Farbe.

Das erste Spiel fand gegen jene Mannschaft statt, die Jahre später ebenfalls zu den Teams zählen sollte, die sich im VfL zusammenfanden: Anstoß gegen den ebenfalls neu erstandenen Ballspielverein von 1899. Letzterer behielt gegen Huneckes Mannschaft allerdings die Oberhand.

Erheblich aufwendig wurde es, wenn als Gesellschaftsspiel ein Kräftemessen gegen auswärtige Mannschaften auf die Beine gestellt werden sollte. Setzte man sich selbst in Bewegung, musste für eine Bahnfahrkarte zumeist tief in die eigene Tasche gegriffen werden. Trotzdem gelang es den Balltretern von OTV/Spiel und Sport bereits im Sommer 1919, den Düsseldorfer Sportklub von 1899 zu verpflichten. Dessen Kicker reisten an – und kehrten mit einer deftigen Niederlage an den Rhein zurück. Für die Osnabrücker war es, so Hunecke, der erste Sieg gegen einen auswärtigen Gegner. Schmunzeln rufen heute Zeilen hervor, in denen der Osnabrücker auf seine damalige Fußbekleidung zu sprechen kam:

Von mir möchte ich noch erwähnen, dass ich in Ermangelung ordentlicher Fußballschuhe in umgearbeiteten Militärstiefeln spielen musste; einmal fehlte das Geld, zum anderen war zu damaliger Zeit Materialknappheit.

Bürgerlich? Katholisch? Sozialistisch? Sport als politisches Bekenntnis

Wer den Sport früherer Jahrzehnte mit dem heutigen vergleicht, dem springt sofort eine politisch-weltanschauliche Spaltung der deutschen Gesellschaft in sogenannte Lager ins Auge. Diese Spaltung verlor ihre Ausprägung erst nach dem letzten Weltkrieg. Auch das Osnabrück der ersten Republik bildete in dieser Hinsicht keine Ausnahme. Ob Arbeit, Freizeit oder Politik: Alles war mehr oder weniger in Lager aufgeteilt. Der jeweilige politische oder soziale Standort bestimmte die Wahl der Tageszeitung, das Weiterbildungsbedürfnis, die Zugehörigkeit zu Gesang- oder Sportvereinen, Sparkassen und Versicherungen, ebenso die Wahl von Einkaufsorten oder Gaststätten. Der Blätterwald der Osnabrücker Tagespresse bietet sich als nahezu typisch an, um uns heute die Einteilung der damaligen Stadtgesellschaft bewusst zu machen. Es gab bis 1933 mindestens vier Tageszeitungen:

Die Osnabrücker Zeitung – nach ihrer Druckerei auch *Tante Kisling genannt* – war traditionell nationalliberal. Später wurde das Blatt zunehmend die Hauspostille der NSDAP. Die Osnabrücker Volkszeitung (*Die schwarze Tante vom Breiten Gang*) war das örtliche Organ der katholischen Zentrumspartei und brachte vornehmlich Nachrichten für den bekennenden Katholiken der Stadt. Die Freie Presse war sozialdemokratisch und eine Art Kommunikationsorgan für die sozialdemokratisch-gewerkschaftliche Arbeiterbewegung der Stadt. Als eher unabhängig, vor allem als quasi-offizieller Stadtanzeiger, begegnete uns allein das Osnabrücker Tageblatt (OT). Mit Ausnahme des OT berichtete jede Zeitung – auch im Sportteil – vorwiegend über „den eigenen Laden". Wo sollte man sich treffen, wo mitmachen, was wurde über die Versammlung berichtet, auf der man gestern war oder die man verpasste?

Auch im Osnabrücker Sport spiegelte sich eine Zerrissenheit der Gesellschaft. In offener Konkurrenz zu katholischen und bürgerlichen Vereinen bot sich die breite Palette des Arbeitersports: die Freie Turnerschaft, der FC Fortuna, der Sportklub Ost, der Freie Sportverein Schinkel, der Verein für Jugend- und Körperpflege Eversburg, der Turnverein Fichte Schinkel, die Freien Schwimmer, die TSG Burg Gretesch, die Rad- und Kraftfahrvereine Solidarität und Fahrwohl sowie der Arbeiterschachklub Osnabrück.

Vor allem „Bürgerliche" und „Arbeitersportler" blieben strikt unter sich und trugen ihre eigenen Wettkämpfe aus. Hinzu kam, dass ganz andere Auffassungen von einem Wettbewerb bestanden: Während Sport für bürgerliche Vereine wie die VfL-Vorläufer den Kampf um Tore und Punkte bedeutete, wollte der Arbeitersport vor allem den Gesundheits-, Freundschafts- und Solidaritätsgedanken unter seinen Turnern und Sportlern pflegen. Deshalb war hier das Tore-Schießen bei weitem nicht so wichtig wie die Betonung gemeinsamer Werte und vor allem internationaler Völkerfreundschaft.

Eine Anekdote aus der Hamburger Sportgeschichte, die informierten Osnabrücker Fußballkreisen sicherlich nicht verborgen blieb, waren die Geschehnisse um den Vater des später weltberühmten *Uns Uwe*, nämlich Erwin Seeler. Jener war ein legendärer Torjäger des Arbeitervereins FC Lorbeer 06 Hamburg. Der wiederum war 1929 und 1931 nationaler Meister des deutschen Arbeiterfußballs geworden und hatte seine Endspiele jeweils vor beachtlichen 15.000 bzw. 20.000 Zuschauern ausgetragen. Erwin Seeler hatte anlässlich der Arbeiterolympiade 1931 in Wien Tore am Fließband produziert. Als er am Hamburger Bahnhof eintraf, erwartete Erwin nach eigenen Worten wohl einen großen Empfang. Er hat aber nach eigenen Aussagen niemanden vorgefunden. Ein Wunder war dies nicht: In den Berichten von der Arbeiterolympiade waren Erwins Tore allerhöchstens Randbemerkungen. Viel wichtiger erschienen den Lesern der sozialdemokratischen Presse die große Völkerverbundenheit und Friedenssehnsucht, welche die Arbeiterolympiade tagtäglich demonstrierte. Als der einfache Hafenarbeiter *Old Erwin* im Jahre 1932 für bares Geld zum bürgerlichen Club Victoria und später zum HSV wechselte, galt dies für sozialistisch ausgerichtete Hamburger Arbeiter schlichtweg als Verrat.

Knapp ein Jahr darauf kam es zum brutalen Aus für alle Arbeitersportvereine. Der seitens der nationalsozialistischen Machthaber aufgezwungenen Selbstauflösung folgten Enteignungen, Verhaftungen und sogar Morde an aktiven Mitgliedern. Arbeitersportler, die weiter aktiv bleiben wollten, mussten schwere Hindernisse überwinden, um in einen anderen Verein aufgenommen zu werden. Seit dem 1. Oktober 1933 besagten strenge Vorschriften für die „Aufnahme von Marxisten" als Einzelmitglieder in die bürgerlichen Sportverbände, dass erstere zuvor ein polizeiliches Führungszeugnis sowie eine eidesstattliche Erklärung vorgelegen mussten.

Nicht ganz so drastisch wie das Verhältnis zwischen bürgerlichem und proletarischem Sport, aber dennoch deutlich erkennbar, setzten sich die katholischen Vereine in Szene. Auch diese pflegten eigenständige Wettbewerbe, obwohl sie wie die VfL-Vorläufervereine dem Deutschen Reichsausschuss für Leibesübungen angehörten. Dachver-

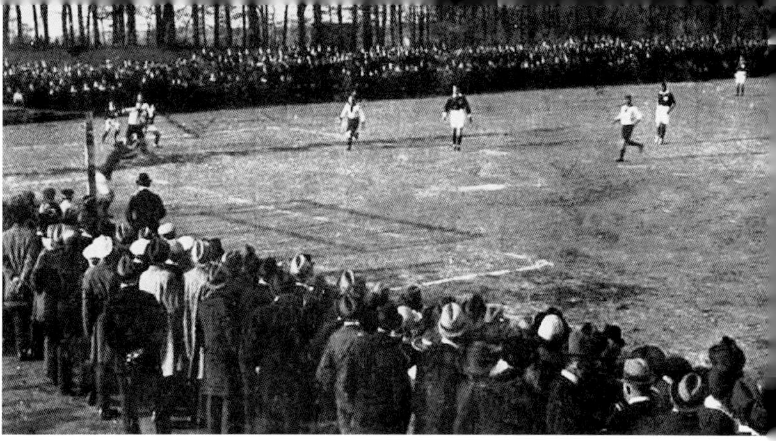

Erstes Osnabrücker Stadion mit Zuschauer-Kapazität: Der VfL-Platz an der Gartlage. Hier eine Spielszene aus dem Städtevergleich Osnabrück-Bielefeld von 1923.

band wurde die Deutsche Jugendkraft, der sich in Osnabrück (beginnend im Jahre 1925) die DJK Rasensport, die DJK Niedersachsen, die DJK Blauweiß Schinkel und die DJK Haste anschlossen. Nach Hitlers Machtergreifung am 30. Januar 1933 konnten die DJK-Vereine infolge eines Konkordats zwischen NS-Reichsregierung und Vatikan zunächst weiterexistieren. Gleichwohl wurde im Jahre 1934 der Reichs-DJK-Führer Adalbert Probst von den Nazis ermordet. Bis 1935 untersagten die NS-Machthaber den eigenständigen DJK-Verbund und zwangen Vereine wie die Osnabrücker Raspo-Sportler zu Umstrukturierungen oder zu Vereinsfusionen.

Besonders in der beginnenden Weimarer Republik galt folglich eine Erkenntnis: Wer einem Sportverein beitrat, musste nicht nur sportliches Können, sondern auch eine politische Gesinnung mitbringen. Dies machte sich zuerst in den Dachverbänden des Turnens und des Sports fest.

Kurzum: Wer seinerzeit einer Vorläufermannschaft des VfL beitrat, war sich bewusst, einer „bürgerlichen“ Ausrichtung beizutreten. Andererseits entwickelten sich viele der sich bürgerlich firmierenden Vereine zu Zusammenschlüssen, die alle sozialen Gruppen der Bevölkerung einbezogen. Selbst manche Arbeiter, die ihre Klassenzugehörigkeit nicht verhehlten, machten aus ihrer Sympathie für den bürgerlichen Sport keinen Hehl. Denn hier war der Leistungsgedanke höher angesiedelt – und die Jagd nach Toren und Punkten weckte Lust wie spielerischen Ehrgeiz. Außerdem war der Fußball schon längst nicht mehr allein in den bürgerlichen Schichten der Bevölkerung verankert. Nicht zuletzt das gemeinsame Kicken im Militär hatte auch und gerade den klassischen Proleten für die Sportart begeistert.

Beispielhaft dafür war das Verhalten des starken Osnabrücker Fußballclubs VfB Schinkel, der nach seiner Gründung im Jahre 1919 Sympathien gegenüber dem Arbeiter-Turn- und Sportbund empfunden haben soll, sich aber bereits im Jahre 1922 gleichwohl den DFB-Vereinen anschloss, um in deren Ligen auf Punktejagd zu gehen.

Anders verhielten sich Turner und Sportler im benachbarten Burg-Gretesch: Bereits 1907 hatte sich die heutige TSG dem Arbeiter-Turnverein Gretesch-Lüstringen angeschlossen und blieb diesem Dachverband bis zum Verbot des Arbeitersports treu. Von Beginn an lupenreine Vereine des Osnabrücker Arbeitersports waren – neben den Freien Schwimmern und den Freien Turnern – der FC Fortuna, der SC Osnabrück, Fichte Schinkel sowie der Freie Sportverein Schinkel. Deren Spielstätten lagen hinter der Gaststätte *Becker* am Schinkelturm sowie auf dem Koksberg nahe der Schellenbergbrücke. Zusätzlich gab es noch eine Spielleutevereinigung von 1928, die im OFV-Stadion an der Buerschen Straße aufspielen durfte. In Eversburg bot der dort beheimatete Verein für Jugend und Körperpflege verschiedene Sport- und Spieldisziplinen an. Wie spielstark einzelne Arbeitersportvereine im Vergleich zu bürgerlichen Clubs waren, war nie wirklich feststellbar. Die Fronten zwischen ihnen waren dermaßen verhärtet, dass es zumindest offiziell so gut wie niemals zu einem Kräftemessen kam.

Vom Schiri bis zur Bahnkarte: Alles fehlt beim Ligastart

Nach der Ausrufung der Revolution am 9. November 1918 hatten auch Fußballspieler zunächst andere Probleme zu bewältigen, als sich um ihren Sport zu kümmern. Die junge Weimarer Republik startete unter verheerenden sozialen und politischen Bedingungen. Hunger und die verzweifelte Suche nach Arbeit und Auskommen ließen sich, was verständlich war, bei vielen Menschen nicht mit Sportaktivitäten verknüpfen.

Für den als Leutnant aus dem Militär entlassenen Kriegsfreiwilligen Friedel Hunecke überwog offenkundig der Sportsgeist. Andere taten es ihm und seinen Vereinskollegen nach: Im Jahre 1920 fusionierten die Rivalen FC 1899 und der Osnabrücker Ballspielverein zum neuen Ballspielverein Osnabrück von 1899 (BVO). Wie Spiel und Sport spielte auch dieser Club in der Gauliga Westfalen auf. Höhepunkte einer jeden Saison wurden für das heimische Publikum die Duelle der beiden Lokalrivalen.

Den Fußballalltag der Nachkriegsjahre verschärfte das Problem, dass die Siegermächte in der frisch eröffneten Saison 1919/20 ein recht sonderbares, vor allem absolut willkürliches „Bahnfahrverbot" verhängten, das viele angesetzte Begegnungen nahezu unmöglich machte. Die fehlende Eisenbahnverbindung traf insbesondere den Osnabrücker FC 1899, der nur ganze achtmal zu Begegnungen antreten konnte, während es allein der Ligakonkurrent Arminia Bielefeld auf immerhin 17 Spiele brachte.

Derartigen Widrigkeiten zum Trotz war der Idealismus der jungen Spieler augenscheinlich nicht klein zu kriegen. Das machte sich schon an der Frage der Ausstattung der Kicker fest. Denn mit einer angemessenen Montur stand es wahrlich nicht zum Besten. Hunecke brachte dies auf den Punkt:

> *Nun zu unserer Ausrüstung: Schuhe, Stutzen, Hose wurden von den Spielern angeschafft, für Anschaffung der Trikots musste die junge Vereinskasse sorgen.*

Angesichts derartiger finanzieller Probleme blieb eine Figur nahezu utopisch, ohne die selbst im heutigen Kinder- und Jugendfußball gar nichts läuft: der Coach. Dieser schien eine Art unbekanntes Wesen zu sein. „Einen Trainer", so Hunecke, „kannte man zu jener Zeit noch nicht. Jeder arbeitete an sich selbst und schaute Tricks und Taktik vom Gegner ab."

Eine andere Figur, ohne die eigentlich kein echtes Kräftemessen möglich ist, fehlte ebenfalls: Der unabhängige Referee war eher seltener Luxus. An seine Stelle trat in der jungen Fußballgeschichte ein Schiedsrichter, den meistens die Heim-Mannschaft stellte. Ob dies im Sinne wirklich fairer Entscheidungen war, sei einmal dahingestellt.

Aller Anfang war schwer, besonders die großen Distanzen erzeugten eng abgegrenzte Liga-Regionen. Die große Not und Mittelknappheit der frühen Nachkriegsjahre taten ihr übriges. In der Saison 1920/21 wurde der Westfalenmeister sogar in einer zweigeteilten Bezirksklasse mit Entscheidungsspielen um die Meisterschaft ausgetragen, ehe es ein Jahr später wieder zur eingleisigen Liga kam. OTV/Spiel und Sport startete trotzdem furios in seine erste Saison. Nachdem man begonnen hatte, sich auf dem eigenen Spielfeld zu Hause zu fühlen, durften die ersten Siege eingefahren werden. Höhepunkt war dann sogar ein Triumph gegen den Champion jener Zeit, die Bielefelder Arminen.

Nachdem wir noch den damals hinter dem Schweizerhaus (Feldmann) gelegenen Sportplatz bezogen und uns damit zum Nachbarn des FC Osnabrück 99 machten, griffen wir mit einer starken Mannschaft in die Meisterschaftsspiele ein. (…) Die erste Sensation war fällig, als wir die damals schon sehr starke Arminia Bielefeld mit 3:1 aus dem Felde schlugen.

Wie groß Opferbereitschaft und Idealismus unter Huneckes Mannschaftskollegen in jener Zeit verbreitet war, wird auch heutigen Betrachtern deutlich, wenn man sich seine genüssliche Beschreibung über das *Rennpferd* Heinz Strubbe zu Gemüte führt:

Er ist wohl einer der größten Idealisten der Mannschaft gewesen, musste er doch jeden Sonntag Weib und Kind in seiner Dienststelle Erpen bei Dissen verlassen, zu Fuß nach dem Bahnhof Hilter walzen und spät abends wieder daheim eintrudeln. Dabei war unser Heinz immer frohen Mutes.

Deutschlands Fußballskandal: Die Osnabrücker Milchwagen-Affäre

Bitterkalt war es an einem frühen Sonntagmorgen des Jahres 1921 auf dem Osnabrücker Hauptbahnhof. Irgendwann sollte der Zug gen Münster einrollen. Auf die Kicker des Osnabrücker Ballspielvereins von 1899 wartete ein direkter Ortsrivale der Preußen, der SC Münster 08. Dessen Kicker waren nicht unschlagbar. Bei den Jungs von der Gartlage war die Stimmung aber auf dem Tiefpunkt: Daran schuld war die eigene Personallage. Ganze neun Spieler froren sich am Hauptbahnhof die Gliedmaßen ab. Das Desaster auf dem Münsteraner Platz schien vorherbestimmt.

Jetzt schien viel Fantasie gefragt zu sein. Gefordert wurde sie vom Kapitän Friedel Peistrup. Und der gab sein Bestes: „Ich hab Kontakte zur Reichsbahn!“, rief er mit leuchtenden Augen – und war umgehend in irgendwelchen Bahnhofsfluren verschwunden. Er kam zurück mit einem Schein. Auf dem stand schwarz auf weiß: Die Spieler hätten pflichtbewusst im letzten Wagen des Zuges gesessen, um Münster anzurollen. Doch ausgerechnet ihr Waggon sei versehentlich abgekoppelt worden. Die Idee kam an. Ob sich gar Zuversicht verbreitete, wissen wir nicht. Aber etwas wie „höhere Gewalt“ war ja laut Papierform geschehen. Schlimmstenfalls drohte also eine Neuansetzung des Spiels. Dafür sollten wieder elf Kicker zur Verfügung stehen. Glaubten die neun Spielschwänzer, während die Angelegenheit den Spielausschuss des zuständigen Westdeutschen Fußballverbandes beschäftigte. Doch das Unheil nahm, wenn man es so nennen will, seinen Lauf: Denn der Ausschuss beließ es nicht beim Kopfnicken. Er spürte vielmehr detektivisch dem realen Bahngeschehen hinterher. Und siehe da: Es kam ganz anders, als es sich die Osnabrücker Kicker erhofft hatten. Denn die WFV-Detektive fanden recht schnell heraus, dass der letzte Wagen des in Frage kommenden Zuges keineswegs einer für Personen, sondern vielmehr für lupenreine Kuhmilch war. Produzenten waren davon befreite und somit glückliche Kühe aus dem Osnabrücker Land.

Das Verhängnisvolle für die spielfaulen Osnabrücker Kicker war dann, dass die weiße Flüssigkeit tatsächlich an ihre Münsteraner Abnehmer geraten war. Klagen über die Qualität wurden nicht bekannt. Bekannt wurde vielmehr die wenig ruhmreiche Idee der Osnabrücker Balltreter. Und nicht nur das: Die junge deutsche Fußballgeschichte besaß ihren ersten handfesten Skandal. Die Story von der „Milchwagenaffäre“ verbreitete sich wie ein Lauffeuer. Hohn und Spott folgten kostenlos hinterher. Dem DFB waren volle vier Wochen Sperre, die der WFV über die Schinkeler verhängt hatte, viel zu milde.

Der deutsche Dachverband wollte lieber ein Exempel statuieren! Ein komplettes Vierteljahr sollten die 99-er von deutschen Plätzen ferngehalten werden. Eingaben der Verteidiger folgten. Schließlich kamen immerhin acht spiel- und punktlose Wochen heraus. Schriftführer Hermann Schreiber hatte erfolgreich beim DFB-Geschäftsführer Blaschke interveniert. Dass mittlerweile ehrliche Reue bei den Betroffenen eingekehrt war, darf angenommen werden. Ein bleibender Triumph ziert die Tradition der 99-er trotzdem. Sie begründeten, wie der folgende Exkurs belegt, bis heute die lila-weißen Vereinsfarben.

Wie lila und weiß zu den Vereinsfarben wurden

Legenden, die immer wieder erzählt werden, halten wir meistens für wahr. Eine solche Legende rankt sich um die Vereinsfarben des VfL Osnabrück. Wie kam es eigentlich zu Lila-Weiß?

Beginnen wir mit unbestrittenen Fakten: 1938 taten sich die seit 1925 in zwei Vereine aufgespaltenen Kicker des verbliebenen VfL und des SC Rapid erneut unter dem alten Namen VfL zusammen. Die VfL-Dissidenten hatten seinerzeit den Namen Rapid gewählt, weil der gleichnamige Wiener Club damals als Traum-Team galt, das tollen Fußball zelebrierte. Mit der Fusion von 1938 konnten die Alt-VfLer ihren Traditionsnamen durchsetzen. Vom SC Rapid übernahmen die Fußballer dessen Vereinsfarben Lila-Weiß. Dies galt als Gegenleistung der VfLer, denn die waren seit 1925 in schwarz-weißer Montur aufgelaufen und hatten diese Farbwahl auch in ihrer Satzung verankert.

Es folgt die Legende: Wohl, um den Eindruck zu vermeiden, per Übernahme des Wiener Grün-Weiß wolle man die berühmten Rapid-Kicker vollends imitieren, wählten die Osnabrücker Namensvetter im Jahre 1925 die Farben des Rapid-Lokalrivalen. Das war Austria Wien. Diese Elf kickte in Lila-Weiß.

Um es sofort zu sagen: An dieser Geschichte stimmt allein das Outfit von Austria Wien! Schon die Logik lässt uns fragen: Wieso soll ich mir Rapid Wien als Namensvorbild aussuchen, als meine Vereinsfarben aber ausgerechnet die des Rapid-Lokalrivalen auswählen? Würde sich eine moderne Bayern-Imitation mit 1860er-Farben schmücken? Kurzum: Quatsch in jeder Hinsicht!

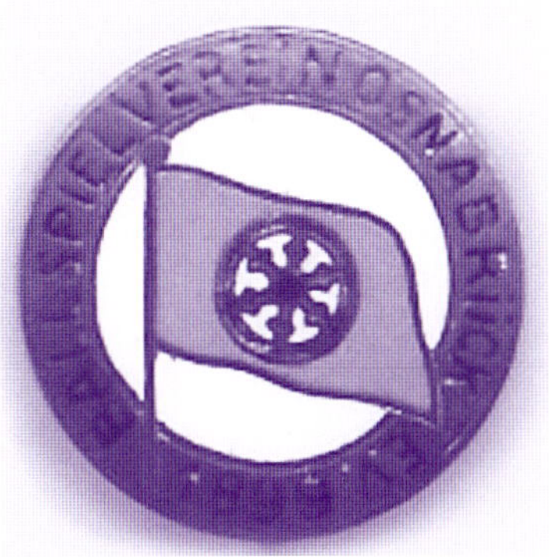

Zum ersten Mal Lila-Weiß: Abzeichen des VfL-Vorläufers Ballspielverein 1899, frühe Zwanzigerjahre.

Und jetzt lüften wir tatsächlich das Geheimnis: In Lila-Weiß war bereits eine Vorläufermannschaft des VfL gekleidet! Es war das Team des Ballspielvereins von 1899. Der unumstößliche Beweis dafür befindet sich im VfL-Museum und lagert wohlbehütet unter Glas. Das BVO-Vereinsemblem sehen wir auf einer Anstecknadel. Sie ist unverkennbar mit einem satten Lila-Weiß koloriert!

Wem dies nicht reicht, darf einen vergilbten, von Friedel Hunecke sorgsam aufbewahrten Zeitungsbericht der Osnabrücker Volkszeitung studieren: Abgedruckt war der am Dienstag, dem 24. Oktober 1922. Der Leser durfte darin erfahren, dass der gastgebende BVO 1899 gegen Spiel und Sport Osnabrück auf dem Platz an der Gartlage mit 0:2 unterlag. Das besonders Spannende daran: Der Artikelschreiber nannte die Derby-Verlierer schlichtweg „Die Lila-Weißen"! Ganz offenkundig nutzte der Schreiber dabei eine in Fußballkreisen geläufige Formulierung. Kurzum: Schon der Ballspielverein von 1899 lief offensichtlich schon seit 1920 in Lila-Weiß auf!

Warum lila? Natürlich beginnt nun die Endlosschleife mit der Frage, warum um Himmels Willen ausgerechnet der BVO 1899 diese Farbkombination wählte? Ganz einfach: Im Fußballalltag müssen sich Konkurrenten auf dem Platz logischerweise auch farblich voneinander unterscheiden. Und ein lila Dress bietet die Gewähr dafür, möglichst selten im Ersatztrikot aufzulaufen oder seinerzeit, was angesichts teurer Sportkleidung die Regel war, mit provisorisch übergestülpten Schärpen kicken zu müssen.

Das Lila-Weiß des SC Rapid. Warum aber wählte nun auch der SC Rapid jenes Lila-Weiß, als er sich 1925 vom VfL trennte? Eine indirekte Antwort dazu gab der spätere VfL-Vereinswirt und Ex-Rapidler Heini Hüggelmeier, als er – wir erwähnen es noch im Abschnitt zur Bremer Brücke – die Gründe für die Spaltung von 1925 aufführte: Die Aufgabe, spielhungrige Kicker aus guten Liga-Mannschaften und insgesamt zehn Herren-Teams unter ein einziges Dach zu bringen, stieß, so der Chronist, „… organisatorisch auf Schwierigkeiten. Junge Talente kamen nicht zum Einsatz". Zumal diese Nachwuchskicker offensichtlich meuterten und dafür deftige Geldstrafen abdrücken sollten, gründete „ein Teil dieser Spieler aus dem Schinkeler Raum" den SC Rapid.

Und wer stammte vornehmlich aus dem „Schinkeler Raum"? Richtig: Das waren ehemalige BVO-ler, die eine solche Farbkombination gewohnt waren. Noch Fragen?

Nationalistische Turner gegen demokratische Fußballer

Gab sich Fußball, wie wir eben sahen, mitunter unterhaltsam, blieb die politische Ausrichtung eine bierernste Angelegenheit. Die Spaltung des deutschen Sports in eine bürgerliche, proletarische oder konfessionelle Ausrichtung blieb nicht die einzige Disharmonie. Politik überlagerte immer wieder das reine Turn- wie Sportgeschehen. Vor allem die alten Streitigkeiten zwischen streng nationalistisch ausgerichteten Turnern und Fußballern ließ immer wieder alte Wunden aufreißen. Aber auch die Einstellung zum Wettkampf konnte unterschiedlicher nicht sein. Noch während des Ersten Weltkriegs war es zu einer Annäherung zwischen Turnern und Sportlern gekommen. Es kam sogar zu neuen Fusionen, was ja auch den Ex-Olympen und Ex-Teutonen den Zusammenschluss unter dem Dach des OTV leichter gemacht hatte. Im Jahre 1920 gab die Deutsche Turnerschaft sogar dem Wunsch ihrer Fußballabteilungen nach, bei der Deutschen Meisterschaft des DFB mitzumachen und dazu in dessen Ligabetrieb einzusteigen.

Doch der alte Streit zwischen Turnern und Sportlern brach am 28. November 1920 wieder aus. Einige Sportverbände hatten die

Deutsche Turnerschaft aufgefordert, ein Fachverbandssystem einzuführen. Dies wiederum wiesen die Turner zurück, denn es hätte sie zu einem reinen Fachverband degradiert. Im Februar 1921 kam es noch einmal zum Kompromiss einer Doppelmitgliedschaft: Fußballer durften wie alle Spielabteilungen von Turnvereinen auch bei den Meisterschaften der Sportverbände mitmachen.

Inzwischen hatten die Turner seit Kriegsende rund ein Drittel ihrer Mitglieder verloren. Die Doppelmitgliedschaft wurde schnell wieder an der Pranger gestellt. Schon am 13. April 1922 lösten die Turner die vereinbarte Doppelmitgliedschaft auf. Viele Sportverbände reagierten mit dem Ausschluss der Spielabteilungen von Turnvereinen aus ihren Wettbewerben. Dass es auch im Osnabrücker OTV in jener Zeit nicht gerade partnerschaftlich vor sich ging, ist vor diesem Hintergrund verständlich.

In der Hasestadt hatte diese Spaltung auch eine grundlegende politische Bedeutung. Der anerkannte Osnabrücker Sportpädagoge und bekennende Sozialdemokrat Ernst Sievers schilderte unmittelbar nach dem Zweiten Weltkrieg, was sich damals an der Hase zutrug:

> *Schon bald nach dem Weltkriege begannen die sogenannten ‚Nationalen' Kreise in Osnabrück die Hetze gegen alle demokratisch Gesinnten. Eine führende Stellung nahm der Osnabrücker Turnverein ein. Dieser Verein der Deutschen Turnerschaft hatte die finanziell am sichersten stehenden Juden (z.B. Flatauer, Nussbaum) als Mitglieder geworben und zu großen Geldspenden veranlasst. 1923 tarnte sich die als staatsfeindlich verbotene „Orgesch" (Organisation Escherich) als ‚Fechtabteilung' des Osnabrücker Turnvereins unter Leitung von Fritz Frömbling, sen. (verstorben) und Wilhelm Pattberg, Heinrichstr. 43. Die Abteilung ‚Spiel und Sport' des Osnabrücker Turnvereins, die zu 90 % aus Demokraten bestand, wurde aus dem Osnabrücker Turnverein ausgeschlossen. Ich war seinerzeit „Sportlicher Leiter" dieser Abteilung. Die Judenhetze in Osnabrück begann auch im Osnabrücker Turnverein, der im Jahre 1924 alle Juden ausschloss.*

Die plumpe Vereinnahmung der Fußballer für parteipolitische Zwecke muss ein wichtiger Grund gewesen sein, der bei der Scheidung vom OTV eine Rolle spielte. Schließlich war dessen „starker Mann", der Fabrikant Frömbling, aktiver Funktionär der kaisertreuen und nationalistischen Deutschnationalen Volkspartei. Mit allen Kräften förderte der gut situierte Unternehmer Großtreffen des republikfeindlichen Wehrverbandes „Der Stahlhelm", der auch in Osnabrück sehr gern demokratiefeindliche Aufmärsche abhielt. Überdies munkelten viele um die Verstrickung des in Osnabrück prominenten Seifenfabrikanten an der Ermordung des ehemaligen Außenministers Matthias Erzberger im Jahre 1921. Die Austrittserklärung der zumeist anders ausgerichteten Fußballer, die nach dem 24. April 1922 in der Osnabrücker Volkszeitung erschien, belegte die versuchte Vereinnahmung eindeutig:

Der Osnabrücker Turnverein hatte für den 24. April seine Jahreshauptversammlung einberufen. Mehrere Hundert unserer Mitglieder hatten sich vor der Turnhalle eingefunden, aber der Einlass wurde von Vorstandsmitgliedern verwehrt mit dem Bemerken: ‚Die Mitglieder der Spiel- und Sportabteilung werden von uns nicht als Mitglieder des O.T.V. anerkannt!' (…)
Sollte die Verärgerung der maßgebenden Männer im Turnverein, insbesondere des 1. Vorsitzenden, der Grund sein, und zwar die Verärgerung darüber, in ihren Bestrebungen, ihre Politik innerhalb des Turnvereins zu treiben, Widerstand gefunden zu haben? Das allerdings haben wir uns vorzuwerfen – wenn das ein Vorwurf ist – dass wir aufs Schärfste jede politische Bestrebung aus unserem Verein fernzuhalten bemüht gewesen sind. (…)
Wir treiben Turnen und Sport, um unseren Körper zu stählen, nicht um politischen Parteien Propagandadienste zu leisten. (…)

Unterzeichnet wurde diese Erklärung seitens der Fußballer von einer „Kommission", für die die beiden Spieler Plogmann und Pues unterzeichneten. Etwas pikant war im Nachhinein betrachtet die Rolle Heinz Plogmanns. Wie noch zu zeigen sein wird, trat er Jahre später keineswegs als Demokrat, sondern als überzeugter Nazi auf. Gleichwohl dürfen wir – zumindest zu jenem Zeitpunkt – darauf vertrauen, dass die vom OTB abgespaltenen Fußballer – nach Sievers – „zu 90% Demokraten waren." Die Frage, ob Plogmann zu diesen demokratischen Früh-VfLern gehörte oder bereits damals seine spätere Nazi-Gesinnung vertrat, wird womöglich unbeantwortet bleiben müssen.

Die Streitigkeiten zwischen Turnern und Sportlern verschärften sich auch im Reichsgeschehen. Dort zerschlug sich auch der Kompromiss, fortan einen gemeinsamen „Deutschen Bund für Leibesübungen" zu gründen. Es kam, was kommen musste: Die Turnerschaft verkündete am 1. September 1923 einseitig die „reinliche Scheidung" zwischen Turnern und Sportlern. Die Turnerschaft verlor dadurch etwa 25.000 fußballspielende Mitglieder. Die allermeisten Fußballabteilungen blieben wiederum dem DFB verbunden. Ergebnis des Streits war die bereits 1923, meist bis 1924 vollzogene Trennung zahlreicher Vereine. Fußballer, Handballer und andere Mannschaftssportler trennten sich von den Turnern und machten sich eigenständig. Was in Osnabrück in Gestalt von Spiel und Sport bereits 1922 geschehen war, vollzog sich auch andernorts – mit markanten Namen: Es entstanden unter anderem der der FC St. Pauli, als sich die 1910 gegründete Fußballabteilung des Hamburg-St. Pauli TV 1862 eigenständig machte – und nicht zuletzt der FC Schalke 04, der sich vom TuS 1877 Schalke getrennt hatte.

Verein für Leibesübungen: VfL

Der April 1924 läutete eine historische Stunde für den Osnabrücker Fußball ein: Feierlich vereinigten sich der BVO und Spiel und Sport, was zunächst noch unter dem Namen Spiel und Sport geschah. Aber bereits nach einem Jahr wurde der Name in Verein für Leibesübungen von 1899 Osnabrück, kurz VfL Osnabrück, geändert.

Im gleichen Jahr 1925 brachte der Presseausschuss des Vereins für Leibesübungen Osnabrück kurz und knapp auf den Punkt, dass die Aktiven in Gestalt der Fusion eine Lehre aus der Vergangenheit gezogen hatten. In der Osnabrücker Zeitung vom 16. Oktober las sich das so:

Schon in den Vorkriegsjahren stellte Osnabrück eine nicht zu unterschätzende Klasse von Fußballern, doch blieb ein durchschlagender Erfolg aus, weil eine Zerrissenheit talentierter und zu einer Meisterelf geeigneter Spieler durch zu viele Vereinsneugründungen Platz ergriff. (...) Erfreulicherweise hat man sich auch in Osnabrück (wenn auch spät) teilweise darauf besonnen, dass nur eine Zusammenfassung der Kräfte mehrerer Vereine Aussicht auf eine gründliche Durchbildung der Kräfte und somit auch auf nachhaltigen Erfolg möglich ist.

Die Wirklichkeit bestätigte schnell die Hoffnung der Fusions-Anhänger: Durch die Konzentration des Osnabrücker Fußballs auf den VfL konnte der Verein schnell zum Rivalen von Arminia Bielefeld in der Gauliga Westfalen aufsteigen. 1925 und auch 1926 gelang es der VfL-Mannschaft, jeweils die Westdeutsche Endrunde der Zweiten zu erreichen. Der allseits bejubelte Höhepunkt war ein 3:2-Sieg gegen Fortuna Düsseldorf im Jahr 1926. Das überregional vielbeachtete Duell gegen Schwarz-Weiß Essen wurde sogar live im Radio übertragen, was in einer Zeit, in der es noch lange keine Fernsehbilder gab, einem sportlichen Ritterschlag gleichkam.

Bescheidene Resonanz

Wer allerdings glaubte, der neue Zusammenschluss zum VfL hätte in Osnabrück dafür gesorgt, dem Fußball mehr Anhänger und Zuschauer zu erschließen, sah sich getäuscht. Dies beklagte auch der Presseausschuss im Rahmen der bereits zitierten Stellungnahme:

Wenn auch allmählich der Wert des Fußballsports von der breiteren Masse des deutschen Volkes erkannt wird, so gibt es leider noch immer viele, die die Vielseitigkeit und die Eigenart dieses Sports nicht zu würdigen wissen.

Ob es daran lag, dass der VfL bis zum Ende der Dreißigerjahre eine eher bescheidene Rolle im deutschen Fußball spielte? Der Vereinsvorsitzende Fritz Plogmann konnte den Lesern der Osnabrücker Zeitung am 5. Januar 1929 dennoch einen nicht zu unterschätzenden Erfolg belegen. Der sportlich nur bedingt triumphierende VfL kickte zumindest fair. Plogmann wörtlich:

> *So steht z.B. die 1. Herrenmannschaft ohne jeden Platzverweis da, ein in den harten Meisterschaftsspielen gewiss nicht häufiger Fall.*

Die Platzierungen in den jeweiligen Ligen hatten allenfalls in den Anfangsjahren den sehr hohen Erwartungen entsprochen, die zu erfüllen Plogmann, Hunecke und Co. sich so hoffnungsvoll vorgenommen hatten. Immerhin gelang es in der Doppelsaison 1924 bis 1926 in der Gauliga Westfalen, direkt hinter Arminia Bielefeld nicht nur einen guten zweiten Platz zu belegen, sondern mit den Arminen im Jahre 1925 sogar punktemäßig gleichzuziehen. Hätte man das reine Torverhältnis zugrunde gelegt, wäre der VfL mit sensationellen 60:13 Toren unbestrittene Nummer Eins gewesen. Das gemäß den Regularien angesetzte Entscheidungsspiel verloren Mitte 1925 die schwarz-weiß auflaufenden Osnabrücker in Minden allerdings gegen die Arminen mit 1:4.

Das weitere Abschneiden des VfL während seiner Ära „im Westen“ sei hier nur stichwortartig zusammengefasst.

- **1926/27:** 5. von 8 Teams in der 1. Bezirksklasse Westfalen, Gruppe Ost
- **1927/28:** 7. von 8 in der gleichen Bezirksklasse, Gruppe West
- **1928/29:** 2. von 8 – ebenfalls in der West-Gruppe
- **1929/30:** 3. von 8 Teams in der Bezirksliga Westfalen
- **1930/31:** letzter 9. in der Bezirksliga, Gruppe West (jedoch ohne Abstieg)
- **1931/32:** 10. von 11 Teams in der gleichen Liga
- **1932/32:** 9. von 10 Teams – ebenfalls in der Gruppe West, was die Aufnahme in die ab 1933 neu geschaffene Gauliga Niedersachsen unmöglich machte.

Ohne Moos – wenig los

Der bisherige Werdegang des Osnabrücker Fußballs hatte eindrucksvoll bewiesen, dass sportliche Erfolge vor allem aus Eigeninitiative zustande gekommen waren: Es galt als normal, dass die begeisterten Kicker für Vereinsbeiträge, Trikots und Hosen, Fußballschuhe und Bahnfahrkarten selbst geradestanden. Die Notlage nach dem Ersten Weltkrieg trug das ihrige dazu bei, dass sich daran lange nichts änderte. Als es jedoch auch bei Normalbürgern zusehends in Mode kam, am Sonntag vom Platzrand aus ein spannendes Fußballspiel zu sehen, änderte dies die Vereinssituation schlagartig. Wo, das fragten sich Spieler wie Betreuer gleichermaßen, sollten denn bloß große Mengen von Publikum stehen? Schließlich nahmen viele Vereine mittlerweile Eintritt, um die Vereinskasse aufzubessern und hatten dafür natürlich auch Sichtmöglichkeiten zu bieten. Erste Maßnahmen entstanden folglich auch hier in gewohnter Eigeninitiative von Mitgliedern: Erdwälle wurden aufgeschüttet, und bei großem Andrang lohnte sich auch das Zusammenzimmern und Aufstellen von Sitzbänken. All das brachte bei attraktiven Punkt- oder Gesellschaftsspielen gutes Geld in die klamme Vereinskasse.

Spieler, die andernorts herumkamen, berichteten allerdings oft mit leuchtenden Augen von echten Fußballstadien, mit denen sich so einige berühmte Großstadtvereine schmückten. Sport- und Fußballmagazine begannen zu kursieren, in denen Fußballszenen abgebildet waren, in deren Hintergrund sich imposante Publikumsränge erhoben.

Spieler und Zuschauer, deren Blicke sich auf öden Spielflächen wie dem Klushügel, dem Schölerberg oder dem Schwarzen Platz verloren, begannen zu träumen: Sollten nicht auch Osnabrücks Stadtobere dafür sorgen, dass hier in der Hasestadt ein prächtiges Stadion für den gesamten örtlichen Sport entsteht? Eines mit saftigem, festem und kurz geschnittenem Rasen mit gerade gezogenen weißen Linien, umgeben von einer Laufbahn und modernen leichtathletischen Anlagen? Ein Spielfeld, das für den gesamten hiesigen Fußball ebenso zur Verfügung stand wie für die damals nicht minder populären Feldhandballer?

Solche Träume endeten abrupt, sobald auf die finanziellen wie auch organisatorischen Möglichkeiten geblickt wurde, die sich dazu im Osnabrücker Rathaus boten. Die Stadtkasse, dies wurde allen schnell klar, war eher ein Eimer mit großen Löchern als ein Füllhorn, das großzügig über alle ausgeschüttet werden konnte. Zwar waren, wie nach 1945, keine Trümmer zu beseitigen. Dafür erschienen die Soziallasten infolge der vielen mittellosen Familien, der massiven Anzahl der Kriegskrüppel und der darniederliegenden Industriebetriebe höher denn je. Immense Kriegslasten und hohe Arbeitslosenzahlen besorgten das ihrige. Den fatalsten Einbruch erlebten die öffentlichen Kassen, nachdem im Mai 1921 vom Deutschen Reich Reparationslasten für den verlorenen Weltkrieg von gigantischen 132 Milliarden Goldmark aufzubringen waren. Hinzu traten allein im Jahre 1923 mehr als 120 Milliarden Reichsmark, die nach dem Einmarsch französischer Truppen für die Unterstützung des passiven Ruhrkampfs geleistet werden mussten. Kurzum: Die deutsche Währung brach vollends zusammen. Um das Inflationsjahr 1923 herum, als Hunderttausend- und Millionenscheine für ein Stück Brot oder ein halbes Pfund Margarine gedruckt werden mussten, schien es für lange Zeit ausgeschlossen, dass mehr als wenige Brosamen für die Osnabrücker Sportförderung übrigblieben. Die Ebbe in der städtischen Kasse hatte zwischen 1922 und 1924 sogar dafür gesorgt, dass in dieser Zeit keine innerstädtische Straßenbahn mehr fuhr, was die Anreise zum Training oder zu Heimspielen ungemein verlängerte.

Als Erfolg war bereits zu werten, dass der Bau einiger Schulturnhallen und vor allem des öffentlichen Moskaubades im Jahre 1926 gefeiert werden konnte. Die dort vorhandene Zuschauertribüne hätte sich womöglich auch so manche Fußballer gewünscht. Dies allein belegte: „König Fußball" besaß in Osnabrück noch lange keine Krone, sondern besaß jede Menge attraktiver Konkurrenz-Disziplinen. Wichtig war aber zweifellos, dass bereits seit Beginn der Zwanzigerjahre ein Stadtamt für Leibesübungen eingerichtet worden war. Doch auch hier fehlte etwas, was neben den Finanzen für neue Ziele unabdingbar war: Ohren von Verantwortlichen, die zuhörten und Umsetzungen in die Wege leiteten. Wer größere Hoffnungen mit diesem Stadtamt verband, wurde enttäuscht: Das Amt war eher eine Art Ausschuss aus anderweitig beschäftigten Fachleuten, Magistratsmitgliedern und Bürgervorstehern, wie die Ratsmitglieder damals hießen. Es gab weder einen eigenen Sport-Etat noch wirkliche Entscheidungsbefugnisse, zumal die Beteiligten ihre Anregungen allein mit beratender Stimme vorbringen konnten.

Verdienstvoll waren andererseits jene Planungen, die aus der Feder des sehr umtriebigen städtischen Bausenators Friedrich Lehmann stammte, der bereits seit 1895 im Stadtbauamt tätig war. Dieser hatte im Jahre 1926 nicht nur erfolgreich einen für die damalige Zeit äußerst modernen Generalbebauungsplan entwickelt, sondern auch zahlreiche Einzelplanungen. Eine davon betraf auch den Ausbau des Spielplatzes Klushügel zu einem Wettkampf- und Übungsgelände, für das auch Zuschauerränge vorgesehen waren. Die Größenordnung der dort skizzierten Ränge mag dem damaligen Fußball-Interesse entsprochen haben.

Obwohl sich die Wirtschaftslage des Deutschen Reiches in der zweiten Hälfte der Zwanzigerjahre merklich erholte, gelang es nie, realistische Möglichkeiten für den Bau eines akzeptablen Sportstadions zu schaffen. Sowohl der Bau des Moskaubades als auch einer überdurchschnittlichen Anzahl von Schulturnhallen hatten die Mittel aufgezehrt. Immerhin verfügte Osnabrück seinerzeit über 25 Turnhallen und lag damit im direkten Vergleich eindeutig vor den Nachbarstädten Münster und Bielefeld.

Auf dem Gebiet der Sportplätze sah es weitaus bescheidener aus. Fußballer pflegten bereits zu spielen, wenn sie eine halbwegs geeignete Wiese vorfanden. Andere, dies hatten wir bereits in der Vorkriegszeit gesehen, schufen Spielstätten in Eigenregie oder nutzten gute Kontakte zu Gastronomen, die über geeignete Grundstücke verfügten. Da insbesondere der Fußball aber immer populärer wurde, stieg die Zahl der Spielflächen auch ohne nennenswerte städtische Hilfsgelder beachtlich an. Anfang des Jahres 1928 waren nur vier der Plätze im kommunalen Besitz, während die Vereinsseite stolz auf 13 eigene Spielorte verweisen konnte. Als im Zuge der Weltwirtschaftskrise ab 1929 die städtischen Mittel für den Sport wieder vollends zu versiegen drohten, wurde aus dem vormaligen Stadtamt auch offiziell ein Ausschuss für Leibesübungen, dem sechs Magistratsmitglieder (die Hauptamtlichen davon entsprachen den heutigen Dezernenten), vier Bürgervorsteher, Stadt-Medizinalrat Dr. vom Bruch, Oberturnlehrer Beyer, ein Direktor Henß sowie – immerhin – zehn Vertreter der unterschiedlichen Sportverbände – von Turnern bis zum Arbeitersport – angehörten. Als Vorsitzender fungierte Oberbürgermeister Dr. Erich Gaertner persönlich. Ein vorzeigbarer Erfolg gelang allerdings auch dem neuen Ausschuss nicht. Dies mag auch daran gelegen haben, dass die ehrenamtlich tätigen Bürgervorsteher sich seinerzeit auf sage und schreibe 50 unterschiedliche Kommissionen verteilten. Echte Schwerpunktsetzungen und sinnvoll herbeigeführte Beschlüsse waren auf diese Weise kaum noch möglich.

Dass sich der mehrheitlich von bürgerlichen Parteien beherrschte Osnabrücker Rat eher parteiisch bei der Verteilung seiner bescheidenen Mittel gab, belegte die offenkundig einseitige Förderung des Tennissports. So gelang es den Spielerinnen und Spielern des zweifellos gut situierten Tennisvereins OTC 08 noch zu Beginn der Weltwirtschaftskrise, aus städtischen Mitteln erhebliche Zuschüsse für die Renovierung ihrer veralteten Anlagen zu erhalten. Fußballvereine, so darf umgekehrt vermutet werden, dürften in vergleichbaren Fällen leer ausgegangen sein.

Erst die schwere Wirtschaftskrise mit ihren öffentlich finanzierten Arbeitsbeschaffungsmaßnahmen sollte gegen Ende der Republik dazu beitragen, dass auch höhere Zuschauerzahlen bei Fußballspielen bescheidene Möglichkeiten vorfanden, um die Ereignisse auf dem Spielfeld zu verfolgen.

Zusammenfassend ist zu bemerken, dass es in Osnabrück vor allem, aber nicht allein an der prekären Finanzlage lag, dass niemals ein großräumiges städtisches Stadion gebaut wurde. Die Interessen der großbürgerlich-nationalen Parteien lagen eindeutig bei Turnhallen bis hin zu Tennisanlagen. Die in Osnabrück starke katholische Zentrumspartei äugte eher auf die zur Kirche gehörenden Plätze. Und die Minderheit der Sozialdemokraten hatte genug damit zu tun, den eigenen Arbeitersportvereinen auf kommunalen Flächen zumindest annähernd gleiche Spiel- und Sportbedingungen zu garantieren wie den bürgerlichen Vereinen.

Kurzum: Zumindest für die Weimarer Jahre blieb das von manchen ersehnte Osnabrücker Groß-Stadion ein unerfüllbarer Traum.

Gründung des SC Rapid

Es blieb nicht allein die Konkurrenz zu anderen Lokalrivalen, die der 1925 frisch gegründete VfL zu meistern hatte. Statt des erhofften Höhenflugs folgte postwendend eine Zäsur, die in längst überwunden geglaubte Zeiten einer Aufspaltung zurückführte: Im

Jahr 1925 setzte sich der SC Rapid Osnabrück vom Mutterverein ab. Den Anlass dazu gaben interne Meinungsverschiedenheiten, die ein gutes Stück weit auf Rivalitäten zwischen den Gründungsvereinen zurückgeführt werden konnten.

Die neue Stärke des fusionierten Vereins produzierte nämlich eine Anhäufung einzelner Streitfälle. Folgt man den 1983 sorgsam abgetippten Lebenserinnerungen des langjährigen Spielers und späteren Vereinswirts Heini Hüggelmeier, kam aus den verschmolzenen Teams Spiel und Sport sowie Ballspielverein 1899 eine wahre Fülle spielhungriger Kicker zusammen. Mit einem Mal verfügte der VfL über zwei Liga- und fünf Herrenmannschaften. Hüggelmeier verwies insbesondere auf die jungen Spieler, die sich besonders zeigten:

Junge Talente kamen nicht zum Einsatz. Diese meuterten, schlossen selbst Spiele ab und wurden deshalb vom Verein jeder mit 20 Reichsmark in Strafe genommen. Darum gründete ein Teil dieser Spieler aus dem Schinkeler Raum im Jahre 1925 einen Verein, den sie ‚Sport-Club Rapid' tauften (zu der Zeit gastierte gerade ‚Rapid Wien' in Deutschland).

So wurde der 29. Juni 1925 zum offiziellen Gründungsdatum des SC Rapid. Vermuten dürfen wir, dass unter den nun abgespaltenen Ex-VfLern eine beträchtliche Anzahl von ehemaligen 99-Spielern war. Denn bei der Trikot-Farbe entschieden sich die Rapidler exakt für jene Farben, die zuvor sie getragen hatten. Lila-Weiß sollte zum Markenzeichen der Rapidler werden. Das vormalige Stadion des Ballspielvereins 1899, die Gartlage, verblieb allerdings beim VfL, der unverändert in schwarz-weiß auflief.

Das Erstaunliche: Überraschend viele Fußballtalente aus der Region schlossen sich plötzlich lieber dem SC Rapid statt dem VfL an. Der wiederum verlor schnell an Popularität. Nicht wenige sprachen auch von einer Art Generationenkonflikt: Ältere und Gesetztere beim VfL, Junge und Ungestüme beim SC Rapid. Folglich schmälerten sich die sportlichen Leistungen der beim VfL verbliebenen Kicker mitunter beängstigend.

Der SC Rapid dagegen startete sofort furios. Hüggelmeier notierte, dass von den Lila-Weißen „in fünf Jahren fünfmal der Klassenaufstieg" erkämpft worden sei. Am Ende spielten sich die Rapidler erfolgreich bis in die 1. Westfälische Bezirksklasse als zweithöchste Liga hinein. Hier bewegte sich das Team allerdings meist ebenso im unteren Mittelfeld, wie dies auch später ab 1933 in der Bezirksliga Süd des neu zugeteilten Gaus Niedersachsen der Fall war.

Als sportliche Heimat wählten die Lila-Weißen einen eher bescheiden anmutenden Platz am Schinkelberg, den die Spieler sofort in aufopferungsvoller Eigenarbeit herrichteten.

Und noch etwas einte die Rapidler: Fußball sollte die herausragende Sportdisziplin des Clubs sein. „Wir sind kein Warenhausverein", hieß es. Mit anderen Worten: Eine unübersichtliche Vielzahl von unterschiedlichsten Leibesübungen sollte verhindert werden.

Die „Bremer Brücke"

Bei den jungen Rapid-Spielern, die sich spielerisch natürlich bestmöglich entfalten wollten, häuften sich im Laufe der Jahre die Klagen über den Schinkelberg-Platz, der holprig war und etliche Verletzungsgefahren bot. Heini Hüggelmeier beschrieb die missliche Lage mit eigenen Worten:

> *Der kleine, felsige Spielplatz genügte nicht mehr. Man ging auf die Suche nach einem ausbaufähigen Gelände. Die ammoorigen (d.h. mit Moorboden durchsetzten, d.V.), direkt sumpfigen, damals brachliegenden Wiesen nahe der Bremer Brücke boten sich geradezu an. Mit dem Besitzer, den Klöckner-Werken, wurde 1931 ein Pachtvertrag geschlossen. Kühne Pläne wurden gemacht. Für Herren- und 10 Jugendfußballmannschaften sollte es ein kleines Stadion mit herrlichem Rasen werden.*

So wenig es dem SC Rapid am Ende gelungen war, den VfL als führenden Osnabrücker Club tatsächlich in Bedrängnis zu bringen, umso erfolgreicher zeigten sich die Kicker nun als Platzbauer.

Manche der Vereinsangehörigen entdeckten dabei ein hohes Maß an Organisationstalent. Hinzu kam die Fähigkeit, in geschickter Weise die nötigen Kontakte zu knüpfen. Doch der Reihe nach: Zunächst ging es darum, aus einer tragischen Notsituation eine Tugend zu machen. Die Massenarbeitslosigkeit, von der im Deutschen Reich inzwischen sechs Millionen Menschen betroffen waren, hatte natürlich auch Osnabrück erreicht. Nagelneue im Reichstag beschlossene Gesetze sahen plötzlich die Möglichkeit vor, Arbeitslose gegen Entgelt gemeinnützig zu beschäftigen. Eine Idee war geboren! Rapidler führten sofort Gespräche im Arbeitsamt an der Alten Poststraße. Auch im Rathaus stellten sie die Idee vor, nahe der Bremer Brücke ein Beschäftigungsprojekt zu starten. Der Einsatz lohnte sich: Irgendwann rückte ein „freiwilliger Arbeitsdienst“ mit Hacken, Harken und Schaufeln aus, um den Platz-Bau zu beginnen. Die Chefs des städtischen Fuhrparks sorgten dafür, dass auf das weiche und wässrige Gelände ein geeigneter „Boden“ gekippt wurde. Der wiederum sollte als Fundament für das spätere Spielfeld dienen. Dieser Untergrund bestand aus lupenreinem Müll, von dem rund 5.000 Kubikmeter angekarrt wurden. Das Bodenniveau wurde damit um einen vollen Meter erhöht. Was dann mit Hilfe der fleißigen Hände geschah, konnten die Leser einem Rückblick der Osnabrücker Zeitung vom 20. Mai 1933 entnehmen:

Die Arbeit war Ende Mai 1932 schon erledigt. Besondere Sorgfalt wurde dem Rasen gewidmet. In liebenswürdiger Weise besorgte der Stadtgartenoberinspektor die sachgemäße Mischung. Hierdurch allein wird eine dauerhafte Grasnarbe gewährleistet. Im Allgemeinen lässt sich noch sagen, dass der Platz bei jedem Wetter absolut spielfähig ist, da das Spielfeld selbst drainiert ist und außerhalb des Feldes lange Sickerschächte angelegt sind.

Hüggelmeier wies darauf hin, dass sein damaliger Club im weiten Rund des Osnabrücker Reiches seinerzeit erst der siebte Antragsteller gewesen war, der den Zuschlag für die Unterstützung einer derartigen Beschäftigungsmaßnahme bekommen hatte. Der

Arbeitstag, so unser Zeitzeuge, wurde mit ganzen zwei Reichsmark vergütet. Dies war zwar äußerst bescheiden. Gemessen an der kärglichen Arbeitslosenunterstützung sicherten die paar Mark aber zumindest ein „etwas“ besseres Auskommen. Erwähnt werden sollte noch, dass es mit der Hilfestellung durch Arbeitsdienst, Arbeitsamt und städtischen Fuhrpark noch nicht getan war. Weitere tatkräftige Helfer traten nämlich ebenso auf den Plan. Hüggelmeier zählte sie gern einzeln auf:

> *(…) die Klöckner-Werke halfen mit Materialien, die damalige Reichswehr, die Fahrabteilung 16, mit Fuhrleistungen. Nicht zu vergessen die freiwillige Leistung der Vereinsmitglieder. Am 21. November 1931 wurde der erste Spatenstich gemacht. Über 3.000 Wagen der Städtischen Müllabfuhr lieferten den damals echten Hausmüll (ohne Pappkartons) zwecks Aufschüttung und Trockenlegung der Spielfläche.*

Entstanden war am Ende ein Platz mit „Betonterrassen“, die wuchtig wirkende Stehränge bildeten. Die Anlage umfasste im Inneren nicht nur eine Rasenfläche, sondern auch eine 350 (!) Meter lange Aschenlaufbahn sowie Hoch- und Weitsprunggruben. An der Oststraße stand ein Kassengebäude mit vier Kassen, um Zuschauern den dortigen Durchgang zu ermöglichen. Geradezu luxuriös klang, was der besagte Redakteur der Osnabrücker Zeitung am 20. Mai 1933 zusätzlich berichtete:

> *Zu beiden Seiten des Durchganges befinden sich vier Umkleideräume, 2 Räume für Schiedsrichter, 1 Massageraum und 1 Geräteraum. Das Platzgebäude bietet in seinen einfachen, modernen Formen ein schönes Bild. (…) Jeder, der den Platz gesehen hat, wird gern bestätigen, dass dort eine mustergültige Anlage geschaffen ist.*

Bezieht man diese Darstellung auf die eher provisorischen Umkleide- und Duschmöglichkeiten, die der VfL nach 1945 jahrzehntelang in der benachbarten Kreuz-Stüve-Schule aufsuchen musste, mutet diese Erstausstattung tatsächlich luxuriös an.

An Aufnahmekapazität, so informierte der OZ-Redakteur, habe das damalige Areal immerhin für „10.000 Zuschauer mit Leichtigkeit Platz" geboten.

Goldmark und Sandschaufeln

Eine gänzlich „nichtsportliche" Anekdote aus der Rapid-Geschichte rankt sich um die sonstige Finanzierung des besagten nagelneuen Stadions. Alles hing mit einem Darlehen von 5.600 Goldmark und einigen Sandschaufeln zusammen: Das Geschehen hatte sich (etliche Monate nach der zum 21. Mai 1933 veranstalteten Platz-Einweihung) am 23. November 1933 ereignet. Schauplatz war das Büro eines Osnabrücker Notars namens Heinrich Hammersen. Als Beteiligte traten die Wirtin Anna Kuhlenbeck aus dem Schinkel und der Vereinsführer des SC Rapid, Heinz Hüggelmeyer, in Erscheinung. Das Dokument, Produkt dieser Zusammenkunft, ruhte jahrelang offenkundig inmitten allgemeiner Aktenbestände.

Die Zeit strich ins Land. Man schrieb inzwischen das Jahr 1938 – kurz nach dem durch „Druck von oben" erzeugten Zusammenschluss von Rapid und VfL. Ein zentrales Thema der Fusions-Verhandlung bildete jetzt eine geheimnisumwitterte Summe. Tatsächlich: Es war das bar ausgezahlte Darlehen in Höhe von 5.600 Goldmark, welches der SC seinerzeit von der Wirtsfrau Anna Kuhlenbeck erhalten haben sollte. Im Wust sonstiger Regelungen lag allen Beteiligten der Wortlaut des alten Vertrags vor:

Der Schuldner verpflichtet sich, dieses Darlehen vom 1. November 1933 an mit jährlich sieben vom Hundert in vierteljährlichen Teilen jeden Jahres zu verzinsen.

Besonders interessant: Damit die Darlehensforderung der Gläubigerin auch eine gewisse Sicherheit erhielt, hatte der SC Rapid der Gläubigerin das Eigentumsrecht an den ihm gehörigen Gegenständen übertragen. Die wiederum waren seinerzeit hauptsächlich für den täglichen Sportbetrieb verwendet worden. Darunter fielen eine Stoppuhr, ein Bandmaß, vier Fußbälle, zwölf Sandschaufeln, drei Speere und zwei Trikotsätze.

Weil die wackere Wirtsfrau für all diese Dinge kaum eine persönliche Verwendung geltend gemacht hatte, wurde jetzt gemeinsam vereinbart, dass die Gläubigerin Frau Kuhlenbeck die ihr zur Sicherheit übereigneten Gegenstände den Sportlern nur leihweise zur Verfügung stellt.

Offiziell wurden somit die Ansprüche an den Sportanlagen abgetreten, so dass Frau Kuhlenbeck bei Fälligkeit der Forderung in der Lage war, diese mittlerweile imposanten Anlagen für sich selbst zu verlangen. Aufgeführt werden dabei das Eingangs- und Kassenhaus am Sportplatz an der Oststraße sowie das Platzinventar, das aus 400 Metern Eisenrohren, Betonpfosten, 500 Metern Einzäunung, zwei Fußballtoren und nicht zuletzt drei hohen Fahnenmasten bestand.

Außerdem hatte sich der SC Rapid verpflichtet,

> *...bis zur Bezahlung seiner Darlehensschuld nebst allen Zinsen [...] bis zum 1. Januar 1944 sein Vereinslokal bei der Gläubigerin beizubehalten und in dem Vereinslokale alle Versammlungen und sonstige Veranstaltungen [...] abzuhalten.*

Zur Nagelprobe etwaiger Platz-Übereignungen ist es am Ende niemals gekommen. Dies wiederum hatte seine Hauptursache sicherlich in den tragischen Umständen des Zweiten Weltkriegs, in dem wohl kaum noch an unbeschwertes Feiern zu denken war. Die Folge: Von Rückforderungen wurde nie etwas bekannt.

Dass die finanziellen Mittel später den Spielern der VfL-Mannschaft zugeflossen sind, ist recht unwahrscheinlich. Eher dürfte das Geld wohl in den Stadionausbau gelangt sein. Der komplette Vertrag, der bis heute unverändert so manche Rätsel aufgibt, ist im VfL-Museum vorhanden. Die wackere Wirtsfrau Anna Kuhlenbeck aus dem Schinkel durfte im Zuge all dieser Umstände wohl mit Recht als eine der ersten „Sponsorinnen“ in die Vereinsgeschichte eingehen.

Wie Nazis ab 1933 die Vereinsgeschichte lenkten

Heiko Schulze und Kalla Wefel

Braune Einflussnahme

Die Machtübergabe an die Nationalsozialisten am 30. Januar 1933 änderte nicht nur das politische und wirtschaftlich-soziale System der Weimarer Republik von Grund auf. Das Verbot oder die anderweitige Zerschlagung demokratischer Parteien, Inhaftierungen und Ermordungen politischer Gegner waren nicht die einzigen spektakulären Maßnahmen. Was jedermann auch im Alltag verspürte, war die restlose Gleichschaltung des gesamten öffentlichen Lebens. Wer im Verein zuvor Präsident oder Vorsitzender hieß, nannte sich fortan Führer. Führerschaft und Parteibuch der Nationalsozialistischen Deutschen Arbeiterpartei (NSDAP) bedingten in aller Regel einander. Mit anderen Worten: Wer eine verantwortliche Funktion annehmen wollte, musste Nazi sein – am besten mit dem kreisrunden Parteiabzeichen am Revers. Die Vereinsvorstände mussten mindestens zur Hälfte aus PGs, wie man NS-Parteigenossen abzukürzen pflegte, bestehen. Für alle Clubs wurden etliche Satzungsbestimmungen verbindlich festgeschrieben. Allenfalls den Kassenprüfer und den Vereinsführer durften die Mitglieder noch selbst wählen. Die restlichen Mitglieder bestimmte allein der Führer des Vereins. Der wiederum konnte jederzeit durch die jeweils verantwortliche NSDAP-Führung abgesetzt werden, sobald diese glaubte, er verträte nicht wuchtig genug seine nationalsozialistische Gesinnung. Dass auch VfL-Vereinsführer fortan keine Ausnahme unter jenen Sportfunktionären darstellten, die regelmäßig Versatzstücke der unmenschlichen Nazi-Ideologie in ihre öffentlichen Reden und Grußworte einbauten, war in der Welt der sogenannten Mitläufer alsbald eine gängige Gepflogenheit.

So willig auch den Nazi-Vorgaben gefolgt wurde, desto mehr Ärger verursachten einige andere Erscheinungen des „Tausendjährigen Reiches“. So dürfen wir heute wohl zu Recht vermuten, dass vor allem die Bestrebungen der Hitlerjugend, ihre Mitglieder neben der Wehrerziehung auch zu Sportaktivitäten anzuhalten und dafür zeitlich in Beschlag zu nehmen, Verdruss in Vereinen auslöste. Denn wie sollte sich dort eine ordentliche Jugendarbeit entwickeln, wenn die umworbenen jungen Aktiven ständig zur HJ gerufen wurden, um sich da zu ertüchtigen und hart wie Kruppstahl (so Adolf Hitler bei der Beschreibung seines Jungen-Ideals) zu werden?

Der Sportbereich stand gleichwohl im Blickpunkt der braunen Machthaber. Schließlich waren hierbei Gehorsam, Disziplin und das Stählen des eigenen Körpers die wesentlichen Voraussetzungen dazu, eines Tages kampferprobt für das vermeintliche Wohl des Volkes in den Krieg zu ziehen. Schnell und äußerst rabiat krempelten die NS-Machthaber die Strukturen des gesamten Sports um. Verboten und massiv verfolgt wurden zunächst die Todfeinde des NS-Sportideals, die Arbeitersportler. Das Schicksal der Osnabrücker Vereine haben wir oben bereits dargestellt. Das Bekenntnis sozialistischer Fußballer zur Völkerfreundschaft und ihre Betonung des solidarischen Sporterlebnisses passten nicht in das Nazi-Konzept. Arbeitersportler, die sich widersetzten, wurden verfolgt, verhaftet, oftmals ermordet oder in die Emigration gezwungen. Gleichgeschaltet wurden nach kurzer Zeit auch die katholischen, innerhalb der Deutschen Jugendkraft zusammengefassten Vereine. Jüdische Sportler erlitten im Laufe der nächsten Jahre ein besonders bitteres Schicksal: Sie wurden aus Vereinen gedrängt, durften zunächst noch eigene Zusammenschlüsse bilden, um am Ende verhaftet, ins KZ deportiert und dort, falls nicht zuvor die Flucht ins Ausland gelang, brutal ermordet zu werden.

Auch im Fußball zeigten sich schnell gravierende Veränderungen. Einige davon geschahen nicht unbedingt im rassistischen oder anderweitig nationalsozialistischen Sinne: Nazi-Funktionäre wollten schlichtweg für eine komplette organisatorische Neuausrichtung des gesamten Sports sorgen, um dessen Leistungsfähigkeit zu stärken und sportliche Eliten zu erzeugen. Völlig neu gebildet wurde in diesem Sinne die erstklassige Gauliga Niedersachsen und darunter angesiedelte Bezirksligen. Diese bescherte den Osnabrücker Vereinen fortan allein Konkurrenten aus dem heutigen niedersächsischen Raum. Die Zuordnung zum westfälischen Nahbereich, den viele Osnabrücker liebgewonnen hatten, gehörte endgültig der Geschichte an. Der VfL wurde daraufhin in den Fußballgau Niedersachsen eingegliedert und spielte dort zunächst in der Bezirksliga, was seinerzeit der zweiten Spielklasse entsprach.

Noch gravierender machte sich die Funktionalisierung des Fußballs im Sinne der Nazi-Machthaber auch an Äußerlichkeiten fest. Gleichwohl das Handspiel im Wettbewerb sinnigerweise untersagt blieb, wurde die erhobene Hand zum sogenannten Hitlergruß vor

Sportgruß und Hitlergruß

Der Sportkommissar der Rheinprovinz hat eine weitere Anordnung erlassen, die besagt: „Die Sportvereine werden angewiesen, daß sich die Mannschaften vor dem Spielbeginn in der Mitte des Feldes dem Publikum zuwenden und neben ihrem Sportgruß auch den Hitlergruß ausbringen. Das gleiche hat nach Spielschluß zu erfolgen.

dem Anpfiff vorgeschrieben. Die Leserschaft der Osnabrücker Zeitung vernahm dies am 14. Mai 1933 in Gestalt einer kurz und knapp aufgesetzten Meldung. Obwohl im Bericht ausdrücklich die Rheinprovinz genannt wurde, übten sich andere Clubs – der VfL machte hier keine Ausnahme – zumindest im vorauseilenden Gehorsam.

Vier VfLer – vier Schicksale

An dieser Stelle ist es angebracht, gleichsam als Exkurs, fünf VfL-er vorzustellen, die für ganz unterschiedliche Ausprägungen eines Fußballers bzw. Sportfunktionärs stehen: Heinz Plogmann, Friedel Hunecke, Dr. Hermann Gösmann, Felix Löwenstein und Ernst Sievers. Die Persönlichkeitsbeschreibungen von Gösmann und Löwenstein sind der Broschüre *Lila-weiß in brauner Zeit* entnommen, die das Bündnis *Tradition lebt von Erinnerung* Ende 2020 präsentierte.

Heinz Plogmann: Spieler, Präsident und früher Nazi

Der Richtungswandel im VfL kann recht gut anhand zweier Personen dargestellt werden, deren Tun lange Jahre entscheidend die Vereinsgeschicke prägte. Manche dieser Geschehnisse können nur bruchstückartig berichtet werden, denn Quellen sind rar und Zeitzeugen leben schon lange nicht mehr.

Zumindest eine Person weist die VfL-Historie auf, die offensichtlich weit mehr war als jemand, den man später als Mitläufer bezeichnete: Es war der langjährige VfL-Vorsitzende Heinz Plogmann. Er, der als aktiver und erfolgreicher Spieler begonnen hatte, sicherte sich von Beginn an eine führende Funktion. Noch 1922 hatte er zu jenen Spiel- und Sport-Mitgliedern gehört, die sich gegen den deutschnationalen Kurs des vormaligen Muttervereins OTV gestellt hatten. Irgendwann jedoch muss auch Plogmann der unüberhörbaren Propaganda der Hitler-Partei erlegen sein. Diese Ausrichtung machte Plogmann sogar für alle VfL-Mitglieder fest, was allerdings keineswegs belegbar ist. So nutzte er den Anlass des 35-jährigen Vereinsjubiläums, um seinen Bericht in der Nazipostille Osnabrücker Zeitung vom 6. November 1933 mit folgender Bemerkung auszustatten:

Die nationale Erhebung des Jahres 1933 sah den VfB in einmütiger Geschlossenheit in der Kampffront unseres Führers Adolf Hitler, für den die Generalversammlung unter Umstellung auf das Führerprinzip ein begeistertes Bekenntnis ablegte.

Im gleichen Bericht notierte der Schreiber Plogmann in ureigener Sache, dass es ihm vom Jahre 1934 an nicht mehr möglich sein werde, weiter als Vereinsführer zu dienen. Denn er war inzwischen zum „Kreisführer“ des DFB im Fußballgau Osnabrück berufen worden. In „Er-Form“ informierte der Schreiber die Leser darüber, was er, Plogmann, nun tat:

Nach fast zehnjähriger Tätigkeit legte er daher sein Amt vertrauensvoll in die Hände des neuen Führers, Dr. Gösmann, nachdem er in sinnfälliger Bejahung der großen Tradition des VfL diesem die Ergänzung des Vereinsnamens durch die Jahreszahl ‚1899‘ gegeben hatte.

Heinz Plogmann überlebte das „Tausendjährige Reich“ nicht: In den letzten Kriegsmonaten fand er den Tod als Fregattenkapitän der Kriegsmarine.

Hermann Gösmann: Vom Mitläufer zum DFB-Präsidenten

Der frühere VfL-Vorsitzende Dr. Hermann Gösmann (1904-1975) zählt im Rückblick zu jenen Persönlichkeiten der VfL-Historie, die es zu einer herausgehobenen Spitzenposition im deutschen Fußball gebracht haben: Von 1962 bis 1975 war er sechster DFB-Präsident und erlebte in dieser Zeit anno 1963 sowohl die Einführung der Fußball-Bundesliga wie elf Jahre später auch die Weltmeisterschaft plus WM-Titel im eigenen Lande.

Blickt man jedoch in die weiter zurückliegende Vereinsgeschichte des VfL Osnabrück, verbleiben auch sichtbare Schatten in der Biografie des prominenten VfLers. Einer fällt in das Jahr 1934. Im August dieses Jahres entnahmen die Leser der Nazi-treuen Osnabrücker Zeitung einen Bericht unter dem Titel *35 Jahre VfL Osnabrück*. Heinz Plogmann, so war in jenem von ihm persönlich verfassten Artikel zu lesen, war nach rund zehn Jahren aus seinem Amt geschieden, weil er soeben Kreisführer des örtlichen Fußball-Gaus geworden war. Als neuer Vereinsführer wurde Dr. Gösmann, wie Plogmann schrieb, „bestimmt“. Mit „ganzer Kraft“, so heißt es weiter, wolle man „an den großen Aufgaben und Zielen arbeiten, die unser Führer Adolf Hitler dem deutschen Volk gesetzt hat. An dem großen Ziel: Wehrhaftmachung des deutschen Volkes und Ertüchtigung der deutschen Jugend.“ Plogmann, offenkundig seit langem überzeugter Nationalsozialist, legte also die „Führung“ zur Verfolgung dieser Ziele in die Hände des Rechtsanwalts Dr. Gösmann. Wie stark Gösmann schon (Grundrechte, Parteien und freie Presse waren bereits zerschlagen, Judenverfolgungen begannen und die ersten Konzentrationslager waren längst mit abertausenden politischen Gegnern gefüllt) vom NS-Geist erfüllt war, können wir heute nicht wissen.

Klar ist andererseits auch, dass Gösmann es fortan nie unterließ, offizielle Vereins-Verlautbarungen mit satter NS-Ideologie auszustatten. So schrieb der Vereinsführer im Vorwort einer Festschrift zum 40-jährigen Bestehen, entstanden kurz vor Beginn des Zweiten Weltkriegs 1939, in der Vereinsgemeinschaft könne „die Idee des Führers hineingetragen und vermittelt werden“. Nicht ohne ein brutales Zitat Adolf Hitlers aus Mein Kampf anzufügen: *„Wer leben will, der kämpfe also, und wer nicht streiten will in dieser Zeit des ewigen*

Ringens, verdient das Leben nicht!" Harter Tobak, geschrieben in einem sportlich sehr erfolgreichen Jahr der Vereinsgeschichte, in der es die Lila-Weißen bis zur Endrunde um die nationale Fußballmannschaft brachten.

Vor 1933, das wird aus der Lektüre der 1946 zusammengestellten Entnazifizierungsakte Hermann Gösmanns ersichtlich, sei er allerdings kein Nazi gewesen. Sehr wohl musste er beim Ausfüllen des Fragebogens allerdings einräumen, dass er noch 1933 um Aufnahme in die Deutschnationale Volkspartei des Hitler-Bündnispartners Alfred Hugenberg nachgesucht hatte, deren Reihen größtenteils später in der NSDAP aufgingen. Und: „Ich habe mich Ende 1933 zur SA oder SA-Reserve angemeldet, diese Anmeldung einige Monate später jedoch wieder zurückgezogen", schreibt Gösmann an anderer Stelle. Ob dies mit der Niederschlagung des sogenannten SA-Röhm-Putsches zusammenhing, nachdem die SA-Führung Ende Juni/Anfang Juli 1934 ermordet wurde und offiziell in Ungnade gefallen war? Wir wissen es nicht. Am 1. Mai 1937, auch das entnehmen wir Gösmanns eigenen Angaben, ist er tatsächlich in die NSDAP eingetreten, die bis dahin noch eine Art Aufnahmestopp für Neumitglieder praktiziert hatte, von der allein HJ-, SA- und SS-Aktivisten sowie Aktive aus der Betriebsorganisation ausgenommen gewesen waren.

Wer nun, zumal im Rückblick, in Gösmann einen hundertprozentigen Nazi vermutet, wird der Vielschichtigkeit seiner Person allerdings nicht gerecht. Der wegen seiner jüdischen Konfession verfolgte, später im KZ umgekommene Ex-VfL-Funktionär Felix Löwenstein hatte nach 1935 auf die Hilfe seines vormaligen Vereinskameraden bauen können, als er und seine Familie aufgrund seiner Enteignung und Verdingung als Hilfsarbeiter in finanzielle Bedrängnis geraten waren. Gösmann erreichte es nach späteren Aussagen des Löwenstein-Sohnes Max, dass der Vater Rückstände von Schuldnern erstattet bekam, was einem Juden in der damaligen Zeit normalerweise nicht zugestanden hätte.

Zwei Seiten Gösmanns zeigten sich in der Nazizeit auch an anderer Stelle. In offiziellen monatlichen Vereinsmitteilungen begrüßt er euphorisch die Besetzung Österreichs und der Tschechoslowakei wie auch spätere Kriegsereignisse und Taten deutscher Soldaten. Folgt man dagegen rund zehn persönlichen Erklärungen erklärter NS-Gegner, die ebenfalls der Entnazifizierungsakte beigefügt sind, hat Gösmann andererseits ohne Druck von außen im Jahre 1936 die beiden des Hochverrats beschuldigten Osnabrücker Sozialdemokraten Heinz Listemann und Hermann Olthuis verteidigt, die im gleichen Jahr im niederländischen Almelo an einem Exil-Treffen auch Osnabrücker Sozialdemokraten teilgenommen und deshalb bespitzelt worden waren. Weitere persönliche Erklärungen in der besagten Akte beinhalten übereinstimmend, der Vereinsführer habe zumindest in den letzten Kriegsjahren ganz offen der offiziellen Nazi-Propaganda widersprochen und stattdessen deren NS-Untaten angeprangert. Am Ende der damaligen Untersuchung wurde Dr. Hermann Gösmann, der zuletzt als Dezernent in der Osnabrücker Stadtverwaltung gearbeitet hatte, vom demokratisch besetzten Entnazifizierungs-Ausschuss nur als „Nomineller Nazi-Unterstützer" eingestuft und, ausgestattet mit der Kategorie 5 für „Entlastete", zur „Beschäftigung empfohlen".

Felix Löwenstein: Vereinsförderer und KZ-Opfer

Auf einer deutlich hervorgehobenen Informationstafel des Osnabrücker VfL-Museums ist ein besonderer Zeitmesser abgelichtet, der sich im wohlbehüteten Familienbesitz befindet. Es handelt sich um eine mit Anhängekette versehene Taschenuhr, deren Räderwerk im Original längst nicht mehr so funktioniert wie zu Lebzeiten ihres Besitzers. Umso lebendiger bleibt für jene, die sich in den letzten Jahren mit der Geschichte der besagten Taschenuhr befasst haben, die Erinnerung an denjenigen, der sie einst gut befestigt an seiner Weste trug. Sein Name war Felix Löwenstein. Wer war dieser Mensch, der jene Taschenuhr getragen und Handlungen seines Lebens mit diesem Zeitmesser ausgerichtet hat?

Felix Löwenstein (1884–1945) war ein Osnabrücker Viehhändler und Engros-Schlachtermeister. Er wurde am 21. August 1884 in Eisleben geboren. Gewohnt hat er zuletzt am Adolf-Hitler-Platz, dem vormaligen und auch heutigen Neumarkt, Hausnummer 4. Dort befindet sich inzwischen ein sogenannter Stolperstein, der an den ehemaligen Mitbürger erinnert. Der Erinnerungsort Löwensteins ist einer von rund 300 Stolpersteinen zu Ehren von Nazi-Opfern, die sich in Osnabrück befinden. „Ein Mensch ist erst vergessen, wenn sein Name vergessen ist", zitierte der deutsche Stolperstein-Initiator

Gunter Demnig den Talmud als religiöse Quelle des jüdischen Glaubens. Demnig begründete so bereits 1992 seine Idee, derartige Steine dort zu verlegen, wo die Menschen einst gelebt haben. Löwenstein zählt in Osnabrück zu jenen Menschen, die wir nicht und niemals vergessen wollen.

In seinem Beruf galt er über viele Jahre hinweg als recht erfolgreich. Sein Freundes- und Bekanntenkreis war beachtlich. Auch die Zahl der Menschen, denen er Geschenke, großzügig Zuwendungen oder günstige Kredite gewährte, war groß. Löwenstein war Mitglied der Synagogengemeinde, seine Frau Anni wiederum evangelisch-lutherisch. Der gemeinsame Sohn Max wurde evangelisch getauft. Anni zählte bis zu deren Verbot 1933 zur pazifistischen Deutschen Friedensgesellschaft, was durchaus Rückschlüsse auf eine sehr friedliebende und demokratische Gesinnung zulässt, welche offenkundig die gesamte Familie Löwenstein prägte.

Der Weg zum VfL

Felix Löwenstein war vor allem sportbegeistert. Mitte der Zwanzigerjahre stieß er zum Verein Spiel und Sport. Der wiederum war 1922 aus dem nationalistisch und rassistisch ausgerichteten Osnabrücker Turnverein (OTV) hinausgedrängt worden und bestand, dies dokumentieren spätere Aussagen des sozialdemokratischen Sportpädagogen Ernst Sievers, zu 90 % aus Demokraten und solchen, die sich nicht für vom OTV eingeforderte nationalistische Aufmärsche missbrauchen lassen wollten. 1924 vereinigte sich Spiel und Sport mit dem Ballspielverein von 1899. Ein Jahr später zählten Ernst Sievers wie Felix Löwenstein zu den Pionieren jenes vereinigten Clubs, der sich fortan VfL Osnabrück nannte.

Löwenstein, der es nach großem beruflichem Erfolg zu einigem Vermögen gebracht hatte, diente dem VfL von Beginn an sowohl als großzügiger Spender wie auch in aktiven Funktionen. Folgt man Jürgen Bitters im Jahre 1991 erschienenen Fußballgeschichte des VfL Osnabrück, war der Schlachtermeister, zumindest vor der Machtergreifung der Nazis, überaus tatkräftig im Club engagiert. Er diente ihm vor allem als Spielausschussobmann. Diese Position war für den VfL tatsächlich nicht weniger wichtig als Löwensteins finanzielle und sachlichen Zuwendungen. In seiner sportlichen Funktion half er entscheidend mit, den alltäglichen Spiel- und Trainingsbetrieb zu organisieren. Er diente als vertrauensvoller Ansprechpartner aller Spieler und arbeitete aktiv mit dem jeweiligen Trainer zusammen. Es gab viel zu tun, zumal das sportliche Niveau der Punktspiele bereits ab Mitte der Zwanzigerjahre beachtlich war und zunehmend Zuschauer anzog. Immerhin maß sich der neu auftretende VfL in der westfälischen Gauliga bzw. Bezirksliga schon damals regelmäßig mit Mannschaften wie Arminia Bielefeld oder Preußen Münster.

Dr. Hermann Gösmann, 1933 Vereinsführer des VfL, seit 1937 NSDAP-Mitglied, nach dem Zweiten Weltkrieg erneut Vorsitzender und später DFB-Präsident, bestätigte nach dem Krieg in Form eines Briefes an Max Löwenstein, dass dessen Vater aktiver VfL-Unterstützer gewesen sei. Er habe den Verein allerdings – nach Gösmanns Erinnerung – im Jahre 1935 allein wegen seiner jüdischen Religionszugehörigkeit verlassen müssen.

Repressalien nehmen zu

Die Repressalien gegen Juden und Andersdenkende hatten seit der NS-Machtergreifung am 30. Januar 1933 stetig zugenommen. Ebenfalls um 1935 verlor Löwenstein aus Arisierungsgründen seinen Betrieb komplett und ohne nennenswerte Entschädigung. Er blieb danach lange arbeitslos und musste sich später als Bauhilfsarbeiter bei verschiedenen Firmen durchschlagen. Hinzu kam der erzwungene Umzug im gleichen Hause. Die Familie musste in der großräumigen Wohnung packen, was mitzunehmen war und in eine Dachgeschoßwohnung umzuziehen. Doch es blieb nicht bei dem Verlust von Betrieb und heimischer Wohnung. Am 10. November 1938, exakt einen Tag nach der Vernichtung der deutschen Synagogen und der brutalen Verwüstung jüdischer Geschäftshäuser durch SA-Kolonnen, traf Löwenstein seine erste Verhaftung. Nach Verhören und Quälereien im Gestapo-Keller, der im Westflügel des Schlosses untergebracht war, deportierten ihn die Nazi-Schergen gemeinsam mit rund 90 weiteren Osnabrückern jüdischer Religionszugehörigkeit in das KZ Buchenwald bei Weimar.

Da Löwenstein mit einer „arischen" Protestantin in einer „Mischehe" verheiratet war, wurde er – auch als früherer Teilnehmer am Ersten Weltkrieg und Träger des wegen Tapferkeit verliehenen

Eisernen Kreuzes – zunächst ein wenig besser als andere behandelt. Mitte Dezember, nach knapp fünf Wochen Haft, entließen ihn die SS-Bewacher wieder aus Buchenwald. Die Mischehe konnte ihn auch in den Folgejahren vor einer weiteren Inhaftierung oder Deportation schützen.

Für die gesamte NS-Zeit belegen spätere Aussagen von Sohn Max Löwenstein, dass VfL-Vereinsführer Hermann Gösmann dem früheren Vereinskameraden in den Folgejahren half, erhebliche finanzielle Außenstände zurückzubekommen. Das war für eine jüdische Familie in NS-Deutschland überlebensnotwendig. Selbstverständlich war Gösmanns Handeln in einer Zeit, in der alle jüdischen Menschen der staatlichen Willkür ausgeliefert waren, tatsächlich nicht. Jeder Schuldner hätte seinem „nicht arischen" Kreditgeber mit Spott und Schmähungen auf den Lippen jede einzelne Zahlung verweigern können. Der Rechtsstaat war längst abgeschafft.

Ein Radio führt ins KZ

Aufgrund eines Verstoßes gegen die „Verordnung über außerordentliche Rundfunkmaßnahmen" (Hören von ‚Feindsendern') wurde Felix Löwenstein gegen Kriegsende doch noch in Haft genommen. Man hatte im Keller des von der Familie bewohnten Hauses ein Radiogerät gefunden, dessen Besitz allen Juden streng verboten war. Der genaue Zeitpunkt seiner Inhaftierung im Polizeigefängnis Turnerstraße ist nicht bekannt. Dort saß er – gemeinsam mit seiner Frau und auch anderen Gegnern des NS-Regimes – unter menschenunwürdigen Bedingungen bis Ende 1944 ein.

Danach wurde Löwenstein gemeinsam mit weiteren inhaftierten Männern ins KZ Sachsenhausen nördlich von Berlin deportiert. Das berüchtigte KZ in Neuengamme bei Hamburg wurde zur nächsten Station. Der KZ-Überlebende Hans Hastreiter berichtete später in einem Brief an die Witwe eines der zahllosen Opfer von den Qualen, die dort Häftlinge wie auch Felix Löwenstein zu erleiden hatten:

2–3 Mann und noch mehr in einem Bett waren keine Seltenheit – dazu dauernd nass und kalt. Außerdem die seelischen und moralischen Bedrückungen jeder Art.

Als alliierte Truppen dem Lager zu Beginn des Aprils 1945 zunehmend näherkamen, verordneten die SS-Wächter den Gefangenen eine Umlegung in das KZ Bergen-Belsen. Das Heranrücken der alliierten Truppen zwang die NS-Wächter zu ständigen Umleitungen des mit KZ-Häftlingen gefüllten Güterzuges. Hastreiter berichtete im besagten Brief:

> *Mit 80 – 100 Mann in einem Waggon, ohne alles. (…) Mit einem Stück Brot und, wer Glück hatte, einem Schluck Wasser. (…) Täglich starben 50 – 60 oder noch mehr an Entkräftung.*

Nach über zehn Tagen Irrfahrt waren die Drangsalierten schließlich in Bremervörde angekommen. Tausende ausgehungerte, verlauste, in gestreifte Lumpen gehüllte und oft barfüßige Menschen bewegten sich im Todesmarsch unter den Augen der Zivilbevölkerung durch den Ort. Das Ziel Sandbostel diente zugleich als Lager für rund 15.000 Kriegsgefangene. Die rund 7.000 KZ-Häftlinge bekamen weitere Baracken zugewiesen und unterlagen einer weit schlechteren Behandlung als die ehemaligen Kriegsgegner. Trost und Zuversicht spendeten den Gefangenen allein die täglich kursierenden Nachrichten, wonach die alliierten Soldaten zunehmend näher heranrückten. Nahender Geschützdonner und Flugzeuge am Himmel schienen alles zu bestätigen.

Am späten Abend des 19. April brach unter den Häftlingen ein Aufstand aus. Von Überlebenden wurde er später als Hungerrevolte bezeichnet. Auslöser war vermutlich der SS-Befehl, wonach alle KZ-Häftlinge wieder zurück nach Hamburg-Neuengamme gebracht werden sollten. Die Häftlinge, mitten unter ihnen auch Felix Löwenstein, widersetzen sich todesmutig der Anordnung. Verzweifelt versuchten sie, ihre erneute Deportation zu verhindern. Nur wenige hundert konnten von der SS und den Wachmannschaften zusammengetrieben werden. Noch während des Appells aller noch marschfähigen KZ-Häftlinge soll es dann zu einem Fliegeralarm gekommen sein. Im Chaos stürmte ein Teil, unter diesem auch Felix Löwenstein, am Eingang des Lagerteils auf der Suche nach Essbarem die angrenzenden Lagerräume. Der Aufstand wurde von der SS und den Wachmannschaften niedergeschlagen und hunderte Häftlinge dabei ermordet. Exakt zu diesem Zeitpunkt muss sich Felix Löwenstein, der bis dahin alle Torturen leidlich überstanden hatte, eine Verletzung zugezogen haben. Die genauen Umstände, bei denen dies geschah, sind bis heute unbekannt. Fest steht allein: Auch, weil nur ein Arzt für das gesamte Lager anwesend war, konnte der verletzte Löwenstein, wie so viele andere, nicht rechtzeitig behandelt werden.

Am 29. April erreichten die britischen Truppen schließlich als Befreier das Lager. Zu Ehren der Eingepferchten zog ein Musikzug über das Lagergelände. Die Nazi-Bewacher waren längst getürmt. Nur einen Tag später, am 30. April 1945, starb Felix Löwenstein an den Folgen seiner Blutvergiftung. Er wurde in einem Massengrab in Sandbostel beigesetzt. Als nur schwacher Trost verbleibt, dass der Geschundene die Befreiung des Lagers durch die British Army womöglich noch wahrnahm.

Löwenstein war einer von kaum zählbaren Opfern. Allein zwischen dem 12. und 29. April 1945 waren 3.000 Häftlinge an Hunger und Typhus gestorben. 3.000 weitere sollten die ersten beiden Wochen nach ihrer Befreiung nicht überleben.

Kaum anzunehmen ist, dass Felix Löwenstein im Lager jemals Näheres über das Schicksal seiner Familie nach deren Verhaftung erfahren durfte. Seine Frau Anni Löwenstein war, das war ihm noch bekannt, im Juni 1944 ebenfalls im Polizeigefängnis Turnerstraße inhaftiert gewesen. Sohn Max war bereits im April 1944 im Polizeigefängnis Münster eingesperrt worden. Anni wurde am 31. März 1945, vier Tage vor dem Einmarsch britischer Truppen in Osnabrück, aus der Haft entlassen. Mit gleichem Datum entließ man Max Löwenstein aus dem Zwangsarbeitslager. Er, der in den Fünfzigerjahren in großer Verzweiflung durch Selbstmord aus dem Leben scheiden sollte, hatte für die Organisation Todt arbeiten müssen, einer im Zweiten Weltkrieg nach militärischem Vorbild organisierten Bautruppe. Mutter und Sohn mussten sich nach 1945 noch etliche Jahre lang verzweifelt um eine Entschädigung für ihre Leiden bemühen.

Aus der spärlichen Hinterlassenschaft des KZ-Häftlings Felix Löwenstein, versehen mit der Nummer 87067, verblieb allein seine Taschenuhr. Still erzählt sie seither die Lebensgeschichte ihres Besitzers. Später Geborene ermahnt sie täglich neu, den Vorsatz „Nie wieder Faschismus – nie wieder Krieg!" in die Tat umzusetzen. Dies gilt überall – nicht zuletzt beim Fußball, um im Sinne von Felix Löwenstein für Demokratie und Menschenwürde, gegen Ausgrenzung, Antisemitismus und Diskriminierung einzustehen. Vor allem aufgrund ihres Engagements zur Erinnerung an Felix Löwenstein und der daraus resultierenden Benennung des Stadion-Rundwegs nach dem NS-Opfer wurde das Osnabrücker Bündnis *Tradition lebt von Erinnerung* 2019 mit dem Julius-Hirsch-Preis des Deutschen Fußballbundes (DFB) ausgezeichnet.

Ernst Sievers: Mitgründer des VfL, Anti-Nazi und Wegbereiter des Osnabrücker Sports

Der am 28. September 1889 geborene Osnabrücker bestand 1913 mit 24 Jahren seine zweite Lehrerprüfung. Als Kriegsfreiwilliger wurde er 1914 Soldat und kehrte 1918 nach dem Weltkriegsinferno, desillusioniert und infolge einer Geschossgasvergiftung schwer verwundet, ins Reich zurück. In Berlin-Spandau absolvierte er zum Jahresende 1920 die vielseitigen Prüfungen als Turn-, Sport-, Schwimm- und Ruderlehrer, wonach er sich im Carolinum, der Möser-Mittelschule, der Neustädter- und Ledenhofschule als Pädagoge in den „Leibesübungen" bewährte. Sievers wandte sich nun auch dem Fußball zu und verantwortete maßgeblich, die beiden VfL-Vorläufervereine Olympia und Teutonia unter dem Dach des großen Osnabrücker Turnvereins (OTV) als Spiel und Sport zu vereinen. Als früh anerkannter Turn- und Sportexperte bekam der in jener Zeit auch den offiziellen schulischen Auftrag, neue Lehrpläne für Leibesübungen zu gestalten. Bis 1933 übernahm er darüber hinaus die Ausbildung der Osnabrücker Lehrkräfte im Schul- und Rettungsschwimmen. In seiner Freizeit entwarf der engagierte Pädagoge zugleich vielbeachtete Pläne für sportgerechte Plätze. Zeichnungen und detailgenaue Berechnungen bestimmten die von Sievers verfasste Denkschrift zur Förderung der Leibesübungen und zur Einrichtung einer sportärztlichen Beratungsstelle.

Insbesondere im Rahmen der heftigen Auseinandersetzungen mit dem ultrakonservativen OTV-Vorsitzenden Fritz Frömbling, der bereits 1924 alle Juden aus dem Verein ausschließen ließ und

Vereinsmitglieder zusehends zu Helfern deutschnationaler Stahlhelm-Aufmärsche vereinnahmte, wuchsen bei Sievers Abscheu und Widerstand gegen ein solches Denken. Beides setzte er in konkrete Taten um: Er übernahm zur Empörung der Osnabrücker Rechten die technische Leitung des frisch gegründeten Jüdischen Turn- und Sportvereins bis zu dessen späterer Auflösung infolge der NS-Repressalien. Zugleich festigte sich bei Sievers dessen demokratische Grundüberzeugung. Konsequenterweise zählte er zu jenen Spiel- und Sport-Mitgliedern, die, folgt man seiner eigenen Rückbetrachtung, zu „90% demokratisch" dachten und wohl auch deshalb systematisch aus dem nationalistischen OTV hinausgedrängt wurden. Sofort wurde Sievers Vorsitzender des neuen Vereins Spiel und Sport, der sich ein gutes Jahr später, Sievers war entscheidender Geburtshelfer, nach einer Fusion mit dem Ballspielverein von 1899 zum heutigen VfL entwickelte.

Aktiv blieb er dem Verein auch im zweiten Glied verbunden. In einem Zeugnis vom 1. Oktober 1926, mitunterschrieben vom oben erwähnten neuen Vorsitzenden Heinz Plogmann, wird ihm vom VfL offiziell bescheinigt, dass er als Vorsitzender zurücktrat, um sich „der Turn-, Sport-, Hand-, Damen- und Jugendabteilung widmen zu können". Im gleichen Zeugnis werden ihm großes „Lehrgeschick" und seine „organisatorischen Fähigkeiten" bescheinigt. Zugleich war er offenkundig ein Mensch, der sich stets für Schwächere einsetzte und dabei benachteiligte und „wirtschaftlich bedrängte" Kinder, wie es NS-Regierungsrat Gresbrand einräumen musste, besonders unterstützte. Der gleiche Regierungsrat ging im besagten Bericht auch auf die parteipolitische Haltung des Sportpädagogen ein: Jener sei 1930/31 noch Mitglied der rechtsliberalen DVP gewesen sei, dann jedoch, so die Interpretation des Nazi-Beamten, „trat er wohl infolge jüdischer Beeinflussung zur SPD über".

Dauerzwist mit Nazis und Rassisten

Nach seinen Fehden mit Frömbling war es kein Wunder, dass Sievers bereits früh, immer offener und häufiger mit den bedrohlich anwachsenden Nazis aneinandergeriet. Deren Braunhemden wiederum verbreiteten mittlerweile auch auf Osnabrücks Straßen Angst und Schrecken. Sievers geriet sofort ins Visier der Hakenkreuzler.

„Verschiedene Male wurde ich überfallen, geschlagen und getreten, mit Steinen und mit Schmutz beworfen", schilderte er dies nach dem Krieg in einem persönlichen Bericht und setzte fort: „Am Tage war ich an jedem Orte allen erdenklichen Verhöhnungen und Beleidigungen ausgesetzt. Im Einzelnen lassen sich diese Gemeinheiten nicht wiedergeben. (...) Auf Anraten der Polizei, die sich außer Stande sah, mich tagtäglich zu begleiten und zu beschützen, stellte ich einen Antrag auf Aushändigung eines Waffenscheins und führte fast 1 ½ Jahr stets eine geladene Pistole zum Selbstschutz bei mir".

Der Nazi-Staat nimmt Rache

Als den Nationalsozialisten am 30. Januar 1933 durch Präsident Hindenburg die Macht übergeben wurde, verschlimmerte sich die Situation. Sievers habe „durch seine gegnerische Einstellung zur Nationalsozialistischen Bewegung wiederholt starke Empörung und Erregung in den nationalen Kreisen hervorgerufen", stellte wieder einmal Regierungspräsident Gresbrand fest, und glaubte erneut messerscharf zu erkennen, dieses Verhalten erkläre sich wohl „aus dem ständigen Verkehr mit Juden". Auf Betreiben der SA Führung, so Gresbrand, verbaten ihm „eine ganze Reihe von Vereinen das Betreten ihrer Sportplatzanlagen unter Androhung der Inhaftnahme durch die S.A".

Am 22. Juli 1933 sandte Osnabrücks NSDAP-Landtagsabgeordneter und -Bezirksleiter Dr. Otto Marxer Beweise über Sievers Gegnerschaft zur NSDAP an die von Hermann Göring geführte Preußische Regierung, um Sievers sofortige Entlassung aus dem Schuldienst zu erreichen. Darüber hinaus wurde der Verfemte aufgrund seiner SPD-Mitgliedschaft und seiner Aktivitäten für den jüdischen Sportverein aus allen Funktionen im Osnabrücker Sport gedrängt.

Sievers' Bericht in seiner Personalakte ist zu entnehmen, dass es ihm nicht gelang, in Osnabrück einen Rechtsanwalt zu finden, der seine Privatklage gegen Dr. Marxer und Genossen führen wollte. Er gibt im Bericht an, dass seine auf seiner „feindlichen Einstellung zur NSDAP" beruhenden öffentlichen Zusammenstöße mit den verschiedenen Parteiorganisationen und deren Führern in den Jahren 1931 bis 1933 am 1. Oktober 1933 schließlich zu seiner Amtsenthebung führten und er von der Ledenhofschule an die zweiklassige Schule in

Haste-Hone versetzt wurde, obwohl die Eltern am 20. Juni 1933 eine Bittschrift an den Regierungspräsidenten gerichtet hatten und um Aufhebung der Versetzung des geschätzten Lehrers baten, „der seine ganze Kraft für seine Schüler“ einsetze.

Sievers entging nach dem Machtantritt der Nationalsozialisten nur knapp dem Konzentrationslager. „Von Rechts wegen gehört er als Charakterschwein in ein KZ“, schrieb Dr. Marxer 1933. Auch von dem Führer der Haster SA wurde er während seiner dortigen Schultätigkeit jahrelang bedroht. Viel später, am 24. August 1944, wurde er schließlich ganz offiziell von der Gestapo verhaftet. Er drohte Opfer der „Aktion Gewitter“ zu werden, in der viele Tausende von Antifaschisten im Gefolge des Stauffenberg-Attentats auf Adolf Hitler am 20. Juli in ein KZ deportiert und dort vielfach ermordet wurden. Nur weil Sievers seinerzeit schwerkrank im Bett lag, immer wieder unter den Folgen seiner Kriegsverletzung litt und der Arzt seine Transportunfähigkeit bescheinigte, entging er der Deportation in das Konzentrationslager Neuengamme bei Hamburg – trotz eines offiziellen Gestapo-Haftbefehls. Es war jene KZ-Hölle, in die zur gleichen Zeit, unter anderem bekannte Osnabrücker Sozialdemokraten wie Heinrich Groos, Wilhelm Mentrup, Fritz Szalinski und Heinrich Niedergesäß eingepfercht und bis Kriegsende ermordet wurden.

Nach der Befreiung: Sievers als Initiator der Illoshöhe

Dass der verdiente Demokrat Ernst Sievers, obwohl gesundheitlich immer heftiger angegriffen, nach der Befreiung Osnabrücks durch britische Streitkräfte am 4. April 1945 händeringend gebraucht wurde, bezeugte seine Berufung als Leiter des Sportamtes im Schulwesen. Der perfekt englischsprechende Fachmann überzeugte die Briten, auch im Interesse der eigenen Sportaktivitäten eine im Krieg unfertig gebliebene Sportanlage an der Illoshöhe, heute Spiel- und Lernort der VfL-Nachwuchskicker, mit Spielfeldern und gut vermessenen Laufbahnen zu vollenden. Der am 6. April 1947 viel zu früh mit 57 Jahren verstorbene Kämpfer für ein faires, soziales, tolerantes und demokratisches Sportwesen sollte die Einweihung der Anlage nicht mehr erleben.

Tradition lebt von Erinnerung: Die benachbarte Ernst-Sievers-Straße sollte heutzutage nicht die einzige Erinnerung an einen bemerkenswerten Osnabrücker Spiel- und Sportpionier bleiben.

Trainingsfleiß und Talente in Kasernen: Der Weg zur Gartlager Elf

Nach den eher politisch einzuordnenden Vorkapiteln, ohne die viele Ereignisse in den Jahren 1933 bis 1945 schwer verständlich sind, soll auf den folgenden Seiten vorwiegend auf die sportliche Entwicklung eingegangen werden. Dies ist auch deshalb mehr als berechtigt, weil der VfL Osnabrück in den Jahren 1939 und 1940 an den Endrundenspielen zur nationalen Fußballmeisterschaft teilnimmt und zu den besten deutschen Teams gezählt werden darf.

Die folgenden Ausführungen beruhen, eng dem Text folgend, vor allem auf den umfassenden Aufsätzen von David Kreuzmann *Der lange Weg zur Gartlager Elf* sowie *Tote, Trümmer, Traditionen*, den er in Heiko Schulzes Buch *Fußlümmel und Lila-Weiße* in sehr überzeugender Weise niedergeschrieben hat.

Höhepunkt einer gewaltigen sportlichen Entwicklung war der 18. August 1935. Der VfL stieg in die höchste Spielklasse Gauliga Niedersachsen auf, nachdem er durch ein 4:3 gegen SV Linden 07 einen entscheidenden Sieg gelandet hatte. Dem Jubel folgte jedoch schnell die Ernüchterung. In der Folgesaison 1935/36 gelang dem Team nur ein einziger Sieg aus 20 Spielen. Der Abstieg war besiegelt.

Der Neuaufbruch erfolgte makabrer Weise infolge der Aufrüstungspolitik der NS-Regierung, die mit der Einführung der Wehrpflicht anno 1935 begonnen hatte. Osnabrück wurde von der braunen Reichsregierung zur Garnisonsstadt gemacht. Auf diese Weise stieß unter anderem auch der legendäre Matthias Billen zum VfL. Nach einem Jahr in der Zweiten Liga stieg der VfL bereits 1937 wieder in die Gauliga auf. Postwendend belegten die noch schwarzweiß auflaufenden Spieler den zweiten Platz. Ligameister Hannover 96 wurde deutscher Meister.

Vor allem auf heftigen Druck der NS-Machthaber kam es im Jahre 1938 zur Wiedervereinigung des VfL mit dem SC Rapid, der mittlerweile die Bremer Brücke zu einem schmucken Stadion gemacht hatte. Eine historische Wende erfolgte jetzt allein schon optisch: Der VfL spielte fortan in Lila-Weiß und immer häufiger auch an der Bremer Brücke. Das Durchschnittsalter betrug junge 23,5 Jahre. Dem SC Rapid entstammte ein Kicker namens Addi Vetter, der bis in die Fünfzigerjahre eine Sport-Legende sein sollte.

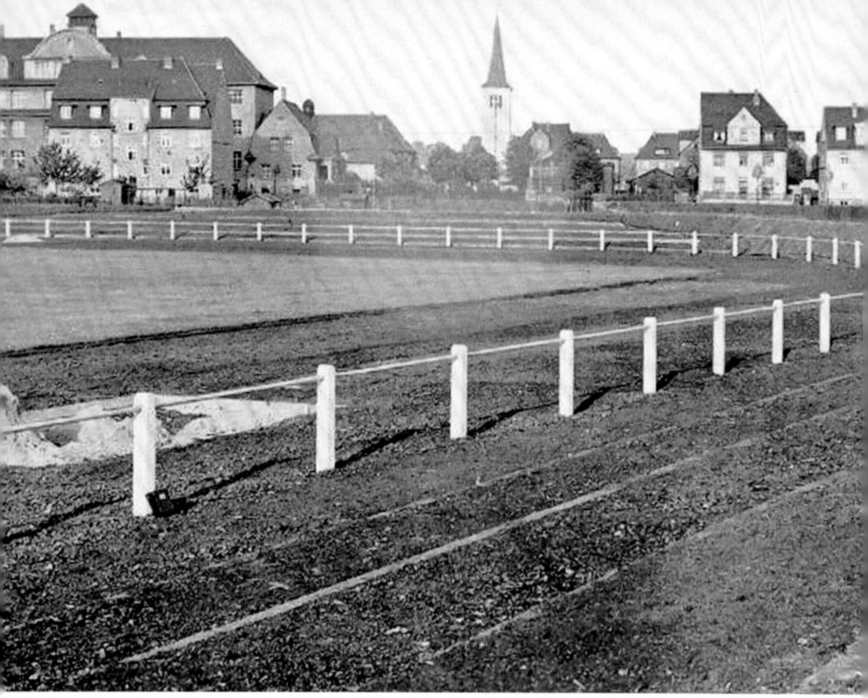

Sportplatz Bremer Brücke 1934.

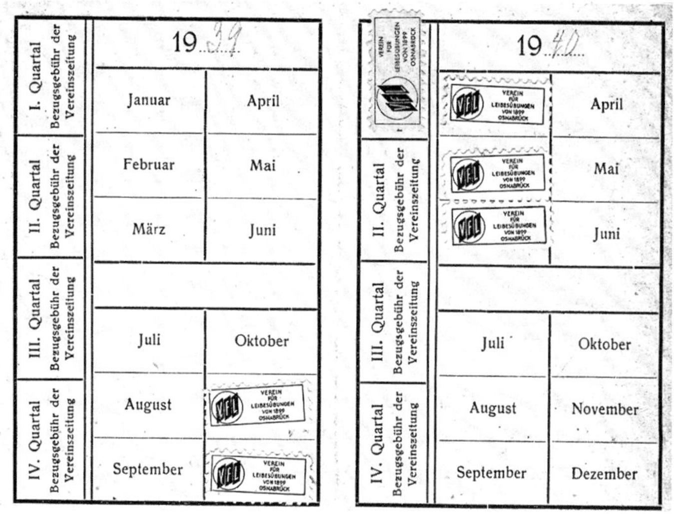

I. Quartal Bezugsgebühr der Vereinszeitung
II. Quartal Bezugsgebühr der Vereinszeitung
III. Quartal Bezugsgebühr der Vereinszeitung
IV. Quartal Bezugsgebühr der Vereinszeitung

19 39

Januar	April
Februar	Mai
März	Juni
Juli	Oktober
August	VEREIN FÜR LEIBESÜBUNGEN VON 1899 OSNABRÜCK
September	VEREIN FÜR LEIBESÜBUNGEN VON 1899 OSNABRÜCK

VEREIN FÜR LEIBESÜBUNGEN VON 1899 OSNABRÜCK

II. Quartal Bezugsgebühr der Vereinszeitung
III. Quartal Bezugsgebühr der Vereinszeitung
IV. Quartal Bezugsgebühr der Vereinszeitung

19 40

VEREIN FÜR LEIBESÜBUNGEN VON 1899 OSNABRÜCK	April
VEREIN FÜR LEIBESÜBUNGEN VON 1899 OSNABRÜCK	Mai
VEREIN FÜR LEIBESÜBUNGEN VON 1899 OSNABRÜCK	Juni
Juli	Oktober
August	November
September	Dezember

VfL-Mitgliedsausweis von 1939/40.

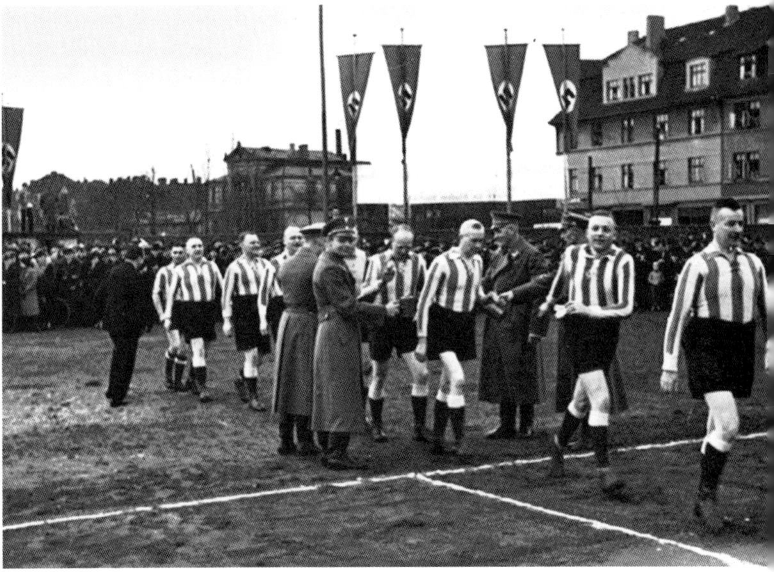

Die Alte-Herren-Mannschaft des VfL in der NS-Zeit.

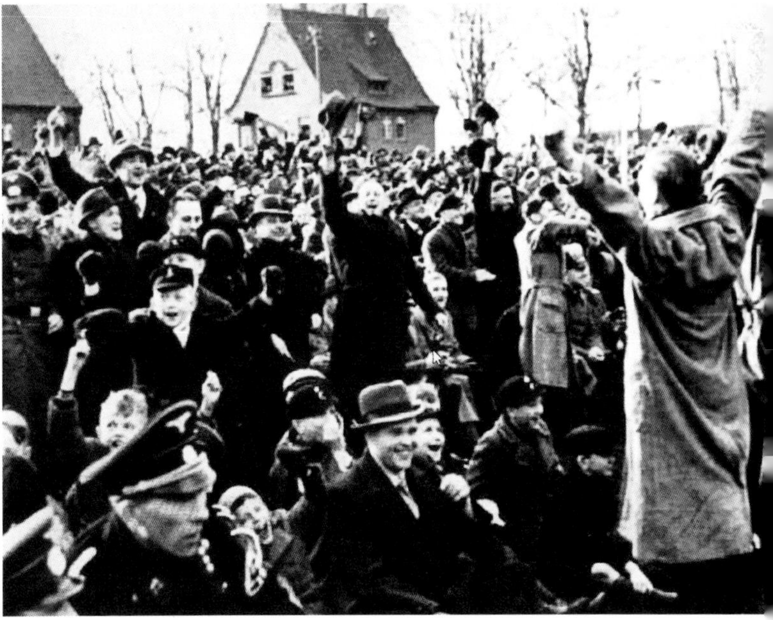

Februar 1939: Fan-Jubel inklusive SS und Wehrmacht.

In der Saison 1938/39 erfolgte der langersehnte und trotzdem überraschende Triumph: 1939 wurde der VfL Meister der Gauliga Niedersachsen. Addi Vetter erzielte dabei stolze 24 Treffer. Der Verein übertraf Hannover 96 wie Eintracht Braunschweig und nahm erstmals an der Endrunde um die Deutsche Meisterschaft teil. Leider durfte der VfL beim Endrundenturnier aufgrund des maroden Stadions in der Gartlage dort nur ein Spiel – gegen den Hamburger SV – in Osnabrück an der Gartlage austragen. Die anderen Spiele gegen den SV Hindenburg Allenstein und Blau-Weiß 90 Berlin wurden in Bremen bzw. Hannover gespielt. Logischerweise fehlte dort das heimische Publikum. Dennoch erreichten die Lila-Weißen – gleich hinter dem HSV – den zweiten Platz in ihrer Gruppe.

Wer auf Fotos jener Zeit schaut, vermisst im Gegensatz zur heutigen Zeit eines: das Vereinsemblem auf den lila Farben. Dass NS-Regime hatte die Wappenfrage in ihrem Sinne geklärt: Seit einer Verordnung vom 5. Februar 1937 wurde die Pflicht zum Tragen eines Stoffabzeichens des Nationalsozialistischen Reichsbundes für Leibesübungen (NSRL) bekanntgegeben, das Zeigen eines Vereinswappens war untersagt, um „den höheren Rang" des NSRL-Abzeichens herauszustellen.

Auch so etwas wie ein Vereinslied war in Nazi-Deutschland untersagt: Stattdessen wurden „Pflichtlieder" für die „geistige und sittliche Ertüchtigung" im Sinne der Ideologie durch den NS-Reichsbund vorgegeben. Ein „Dietwart", deutsch abgewandelt in etwa Volkswart, galt auch in Osnabrück als verantwortlich für die korrekte weltanschauliche Schulung der Vereinsmitglieder. VfL-Dietwart wurde im Juni 1939 Theo Meyer von der Johannisstraße.

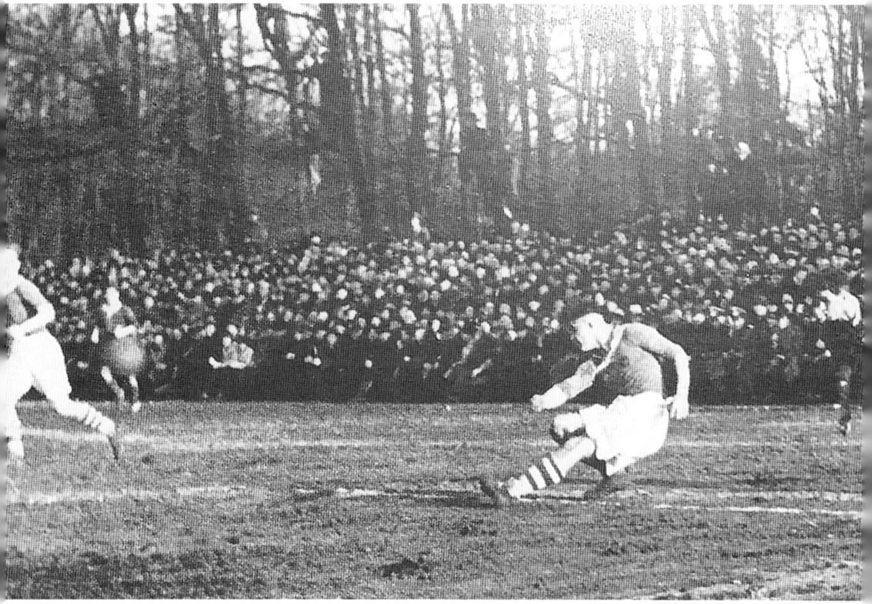

VfL – Hannover 96, Spielszene unter Zuschauern in Baumwipfeln, Februar 1939.

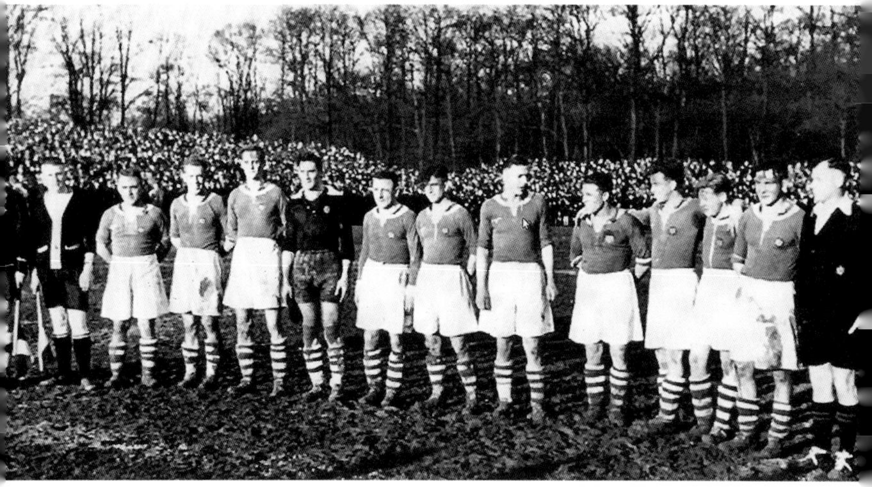

Diese Mannschaft schlug an der Gartlage im Februar 1939 den deutschen Meister Hannover 96 mit 3:0 und zog damit in die Endrunde zur Deutschen Meisterschaft ein.

Streiflichter aus dem Kriegsinferno

Seit dem Überfall der Nazi-Wehrmacht auf Polen am 1. September 1939 füllten auch die VfL-Spieler die Einberufungslisten der NS-Armee. Besonders in Frage kamen jene, die neben dem NSRL-Wappen zusätzlich den Wehrmachtsadler auf der rechten Brustseite auf dem Trikot zu tragen hatten. Dies wies sie als aktive Soldaten aus.

Die Spieler Walter Simon, Karl-Franz Schulte, Ludwig Westerhaus und Otto Coors waren jene jungen Talente, die sofort ins Kriegsinferno geschickt wurden. Otto Coors kehrte als Einziger aus dem Krieg zum VfL zurück. Ludwig Westerhaus starb an der Front 1941 in Russland. Willi Zuback, der als besonders großes Fußballtalent galt, fand 1943 ebenfalls in Russland den Tod. Andere, wie *Kaika* Schulte, kamen als Krüppel zurück. Im Juni 1942 waren bereits über 300 Mitglieder des Vereins eingezogen worden.

Krieg und freudig erlebter Fußball pflegen sich auszuschließen. Fußball als Publikumsereignis fand in den frühen 1940er Jahren immer weniger statt. Im Vordergrund standen Frontberichte und der Bombenkrieg mit seinen Vernichtungen von Wohnraum und Arbeitsstätten. Zum Kriegsende sollten zwei Drittel der Stadt Osnabrück zerstört sein, allein in der Altstadt stand mit 85 % Zerstörung kaum noch ein Stein auf dem anderen.

1944 wurde am Breiten Gang 1 – 2 auch das Restaurant *Grewe*, das als Vereinslokal des VfL diente, durch einen Volltreffer vernichtet. Wertvolles und historisch bedeutendes Archivmaterial aus den Urzeiten des Osnabrücker Fußballs und die gesamten Vereinsakten des VfL wurden durch Brandbomben unwiederbringlich zerstört – und vermindern bis heute Chancen, die frühe VfL-Geschichte optimal aufzuarbeiten.

Auch die VfL-nahe Schankwirtschaft Heini Hüggelmeyers wurde durch Sprengbomben im Oktober 1944 bis auf die Grundmauern zerstört. Die Kampfbahn Bremer Brücke wiederum war durch elf Bombentrichter schwersten Kalibers völlig verwüstet worden. Die Kreuzschule, deren Fassade stets auf das Spielfeld geschaut hatte, war zum Teil zerstört. Jahrelang hatte sie für Spielpublikum bis hin zu Kino-Wochenschauen die Silhouette der Nordgeraden geprägt.

Auferstanden aus Ruinen …

Aller Anfang ist schwer, der nach einem Kriegsinferno allemal. Wie Vereinswirt Heinrich Hüggelmeyer feststellte, weilten von im Juni 1939 gezählten 920 VfL-Mitgliedern Ende 1945 noch ganze 112 in Osnabrück. In ersten Vereinsversammlungen waren (heutzutage simpel klingende) existenzielle Fragen zu klären: Auf welchem heilen Spielfeld können wir spielen? Wie und wo lassen sich Trikots, Hosen, Schuhe oder gar ein Ball beschaffen? Wie kurz nach der Wende zum 20. Jahrhundert die Pioniere auf dem Platz an der Gartlage wurden jetzt abermals leidenschaftliche Fußballer mit Schaufeln, Hacke oder Schubkarren aktiv.

Trotz aller Differenzen und gegenseitiger Skepsis kam dem Osnabrücker Nachkriegsfußball zugute, dass die britischen Besatzer aus einem ebenfalls fußballverrückten Land kamen. Die großherzige Spende eines ehemaligen englischen Berufsschiedsrichters der British Army sorgte beispielsweise für das nötige Schuhwerk zum Kicken. Der Officer überließ Heinrich Hüggelmeyer, der ihm eine Woche zuvor sein Leid geklagt hatte, 81 Einzelschuhe aus der Kleiderkammer der British Army, woraus ein handfertiger Schuster 32 Paar „zusammenzauberte“, wie Hüggelmeyer später stolz berichtete.

Last but not least fanden auf bespielbaren Plätzen gemeinsame deutsch-britische Fußballduelle statt. Ein Fan war davon besonders begeistert: Der Osnabrücker Chronist Karl Lilienthal berichtete in seinen Kriegserinnerungen hingerissen über ein Fußballspiel England gegen Osnabrück, das nach seiner Erinnerung von 6.000 Osnabrückern und 3.000 Briten besucht wurde. „5:4 für Osnabrück. Ich bin begeistert“, gab Lilienthal seinen Eindruck wieder.

Es war ein kleiner Hoffnungsschimmer, der nicht nur das Selbstbewusstsein des örtlichen Fußballs stärkte und zu den kleinen Bausteinen des Neuaufbaus zählte. Immerhin galten Krieg und Faschismus als überwunden. Dass der spät wieder als VfL zugelassene Club in den Jahren 1950 und 1952 zu Deutschlands Spitzenclubs zählen, an der Bremer Brücke zuweilen vor über 30.000 Zuschauern kicken und an der Endrunde zur Deutschen Fußballmeisterschaft teilnehmen sollte, dürften in der jungen Nachkriegszeit nur unverbesserliche Optimisten gehofft haben.

… doch die Strafe folgt sogleich!

Peter von Koss

Wer als Junge nur einen Steinwurf entfernt von der Bremer Brücke an der Kreuzstraße aufwuchs, zudem sport- und fußballbegeistert war, konnte sich nur schwer dem Einfluss des VfL entziehen, da man gewissermaßen das Stadion ständig vor Augen hatte.

In den Fünfzigerjahren stammten zahlreiche Spieler des VfL aus Osnabrück oder der unmittelbaren Umgebung. Einige hatten hier nach dem Krieg Wurzeln geschlagen, fanden ihren Arbeitgeber oft durch Vermittlung des VfL und wohnten nicht selten im Dunstkreis der Bremer Brücke. Lutz Gerdes, mit dem ich gelegentlich Tipp-Kick spielte, besuchte oft in der Kreuzstraße die Familie Grotemeyer. Günther Grotemeyer übertrug die Spiele des VfL für die Sportsendungen im Hörfunk des NDR.

Mindestens einmal im Jahr – wenn der HSV in Osnabrück spielte – bekam Günther Besuch von Herbert Zimmermann, dem Radioreporter der WM-Endspiele von 1954 und 1966. Zimmermann, der 1966 an den Folgen eines Autounfalls in Bassum starb, kam immer schon – meistens im langen Ledermantel – einige Stunden vor Spielbeginn und hat nicht nur bei Grotemeyers zu Mittag gegessen, sondern oft auch gemeinsam mit seinem Freund Günther im Wechsel die Radioreportage des Fußballspiels übernommen.

Immer wieder begegneten uns Spieler des VfL, wenn sie zu Fuß auf dem Weg zum Training waren, das je nach Witterung und Jahreszeit an der Brücke, in der kleinen Halle der Kreuzschule, in der Halle Gartlage oder auch schon mal auf dem Sportplatz am Haster Weg in der Gartlage stattfand. In Ermangelung sanitärer Einrichtungen und Umkleidekabinen am Stadion zog man sich zum Training und zu den Spielen in den Kellerräumen der Kreuzschule um. Dort gab es große Duschräume, aber auch Einzelkabinen, die der Bevölkerung freitags und samstags kostenpflichtig für ein dreißigminütiges Wannenbad oder für ein zwanzigminütiges Brausebad zur Verfügung standen.

In den fünf Oberligen, damals die höchsten Spielklassen in der Bundesrepublik, war es wohl einmalig, dass sich die Mannschaften vor den Spielen nicht im Stadion umziehen konnten, sondern dieses in der etwa dreihundert Meter entfernten Kreuzschule erledigen mussten. Sofern sich die Spieler aufwärmen wollten, standen dafür die kleine Turnhalle oder die Asphaltfläche des Schulhofs zur Verfügung. Es kann aber auch sein, dass Fußballer sich in den Fünfzigerjahren gar nicht aufgewärmt haben. Da das Auswechseln von Spielern erst seit 1967 schrittweise erlaubt wurde, ist anzunehmen, dass die Jungs damals wirklich aus anderem Schrot und Korn gebaut waren. Wer verletzt war, ging nicht raus, er stellte sich notfalls auf Linksaußen als Anspielstation zur Verfügung.

In Osnabrück legten Spieler und Schiedsrichter vor und nach den Spielen den Weg zwischen Kreuzschule und Stadion gemeinsam mit den Zuschauern zurück. Über die Ostkurve, sich durch die Zuschauer drängend, betraten die Mannschaften das Spielfeld. In der Halbzeit blieben sie normalerweise auf dem Feld oder zogen sich hinter die Westkurve zurück, wo es im Eingangsbereich einen kleinen Kiosk und einen Geräteraum gab. Nach dem Spiel war der Rückweg zur Kreuzschule nicht immer ungefährlich. Das Wohlbefinden der Spieler stand auf der Kippe, wenn es für den VfL in den 90 Minuten zuvor nicht erwartungsgemäß gelaufen war – hochgradig gefährdet waren grundsätzlich jene Schiedsrichter, deren Regelauslegung vom Regelverständnis des Publikums abwich. Da der VfL Übergriffe auf Unparteiische nicht vermeiden konnte, kam der Verein nicht um Strafen herum und verfrachtete irgendwann Spieler und Schiedsrichter in einen Bus, um sicherzustellen, dass niemand der Protagonisten auf dem Weg zwischen Stadion und Kreuzschule Schaden nahm. Endgültige Abhilfe gab es erst mit dem Stadionumbau 1974/75, als endlich Umkleidemöglichkeiten an der Bremer Brücke geschaffen wurden.

Die Bremer Brücke war jahrzehntelang ein Provisorium, und auch heute ist die Anzahl derer groß, die der Auffassung sind, dass hier zwar eine phantastische Atmosphäre herrschen kann, aber das Stadion in dem derzeitigen Zustand als Spielstätte eines Zweitligisten auf Dauer nicht den Anforderungen genügt.

Von der Bodenluke meines Elternhauses in der Kreuzstraße konnte ich dank der damals noch fehlenden Überdachung der Tribünen einen Teil des Spielfeldes vor der Westkurve sehen. Mit den Freunden aus der Nachbarschaft belegten wir nachmittags die Flächen im unmittelbaren Umfeld, die sich zum Bolzen eigneten. Zwei gegen zwei wurde auf der kaum befahrenen Straße gespielt, ansonsten zogen wir auf den asphaltierten Schulhof der evangelischen Stüveschule. Auf dem benachbarten Schulhof der im gleichen Gebäude untergebrachten katholischen Kreuzschule hatte Hausmeis-

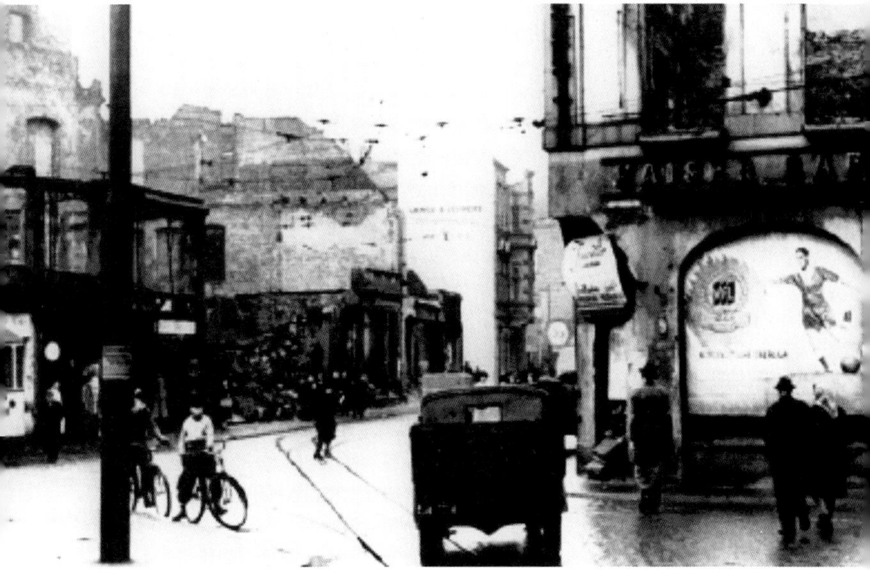

Eine Wandbemalung auf dem zerstörten Neumarkt erinnert an das 50-jährige Vereinsjubiläum 1949.

ter Vennemann uns das Spielen grundsätzlich verboten, er fühlte sich wohl in seiner nachmittäglichen Ruhe gestört, war allerdings machtlos, wenn Jugendmannschaften des VfL mit Trainer Hemmo den Schulhof gelegentlich als Trainingsplatz nutzten.

Unsere favorisierte Spielfläche war der Jungscharplatz der Heilig-Kreuz-Kirchengemeinde an der Ecke Ebertallee/Schützenstraße neben dem Kindergarten. Der Platz hatte einen gewachsenen festen Boden mit einigen Rasenanteilen, dort zu stürzen war weniger unangenehm als ein Sturz auf dem Asphalt des Schulhofs oder auf der Straße.

Leider gab es aber immer wieder einen Störenfried, der uns das ungestörte Spielen im wahrsten Sinne des Wortes vermieste. Pfarrer Niesmann, Geistlicher der Heilig-Kreuz-Gemeinde, kreuzte regelmäßig persönlich auf und erfragte die Konfession der spielenden Kinder. Andersgläubige erhielten sofort Rot und mussten das kirchliche Grundstück verlassen. Allerdings konnte uns ein derartiger Verweis nicht nachhaltig davon abhalten, immer wieder aufs Neue verbotenes Gelände zu bespielen.

Der 12. September 1954 war ein ganz normaler Sonntag und es war in unserer Familie üblich, sonntags in die Kirche zu gehen – als kleiner siebenjähriger Junge natürlich in den Kindergottesdienst der Pauluskirche, jene Kirche in Schinkel, deren Kirchturmuhr man jahrzehntelang von den meisten Plätzen des Stadions an der Bremer Brücke sehen konnte.

Die große „Eterna Uhr", die vorübergehend oben auf der noch nicht überdachten Ostkurve stand und bei der man Hand angelegen musste, um die entsprechenden Täfelchen aufzuhängen, wenn sich der Spielstand veränderte, wurde nach meiner Erinnerung ihrer eigentlichen Funktion beraubt, weil man verbandsseitig durch die Uhr eine unzulässige Beeinflussung des Schiedsrichters für möglich hielt. Die Uhr der Pauluskirche lief allerdings auch während der VfL Spiele weiter, insofern war es kontraproduktiv, die Uhr im Stadion nicht mehr zu verwenden und nur den jeweiligen Spielstand anzuzeigen.

An diesem für mich unvergessenen Sonntag machte ich mich also auf den Weg zur Pauluskirche. Meine Mutter hatte mir 10 Pfennige für die Kollekte mitgegeben, die ich normalerweise nach dem Gottesdienst in eine kirchliche Spardose steckte. Vor der Spardose, sie hatte die Form eines Hauses, saß ein sogenannter Nickneger. Immer wenn man eine Münze in den Schornsteinschlitz warf, bedankte sich die schwarze Figur mit dem Nicken des Kopfes. Heute undenkbar, aber damals standen die Figuren in den Kirchen beider christlichen Religionen und wurden erst allmählich in den 1960er Jahren entfernt.

Am Schulhof der Kreuzschule und am Jungscharplatz vorbei ging ich in Richtung Kirche. Bevor ich die Schützenstraße überquerte, nahm das Unheil seinen Lauf. Völlig ungewöhnlich und überraschend überkam mich ein Heißhunger auf Lakritz. Ich wich im wahrsten Sinne des Wortes vom richtigen Weg ab und betrat fremdgesteuert die Gaststätte *Welling*. Das war jene Wirtschaft, in der ich am 4. Juli 1954 in der ersten Reihe des prall gefüllten Saales das WM-Endspiel in Bern verfolgen konnte. Der Bildschirm hatte eine Diagonale von 33 Zentimetern, wahrscheinlich konnten nur die Gäste in den ersten Stuhlreihen das Spiel verfolgen. Dennoch sang nach dem Spiel die komplette Fangemeinde auf den Stühlen stehend die erste Strophe des Deutschlandliedes.

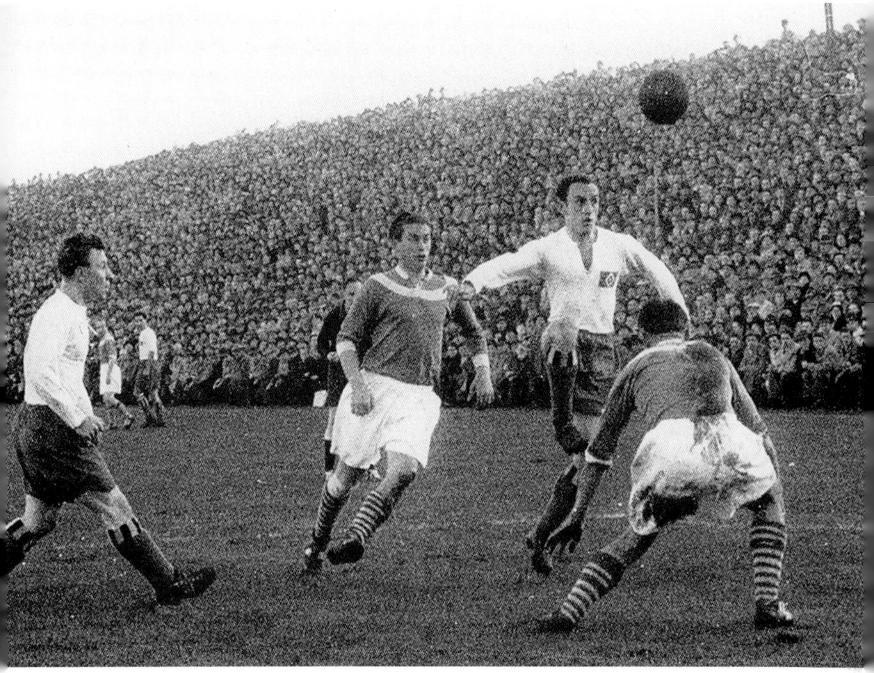

Der VfL Osnabrück gegen den HSV mit Seeler, 1950er Jahre.

Das Kollektengeld tauschte ich an der Theke gegen eine kleine Tüte mit Salmiakpastillen. Die Dinger waren damals schon rautenförmig und wir hatten die Angewohnheit, sie mit der Zunge anzufeuchten und dann mehrere so auf den Handrücken zu kleben, dass ein Stern entstand. Anschließend wurde der Stern abgeleckt. Diese Form des Verzehrs hatte zweifellos den Vorteil, dass man längere Zeit etwas von der leckeren Lakritze hatte. Ich weiß nicht, wie es passieren konnte, aber offenbar drängte nach dem Einkauf und dem Präparieren meines Handrückens die Zeit. Der Hauptgottesdienst endete gegen 10:45 Uhr und im Anschluss begann der Kindergottesdienst.

Das Unheil war nicht aufzuhalten. Als wir Kinder vor dem Kirchenportal warteten und die Besucher des Hauptgottesdienstes die Kirche verließen, erblickte mich meine große Cousine Ruth, die zielstrebig auf mich zukam, mich in ein kurzes Gespräch verwickelte und scheinheilig fragte, ob ich auch an das Geld für die Kollekte gedacht habe. Das konnte ich wahrheitsgemäß bejahen, als sie jedoch das Geld sehen wollte, erkannte ich die Hinterhältigkeit ihrer Frage. Mein unter Zeitdruck stehendes Verzehren des Lakritzsterns hatte deutlich sichtbare Spuren in meinem Gesicht hinterlassen, und ich wurde nur wenige Minuten nach meiner verwerflichen Tat ertappt.

Ich weiß nicht mehr, ob mir meine Cousine kurzfristig finanziell mit zehn Pfennigen unter die Arme gegriffen hat, um dem Nickneger das zukommen zu lassen, was ursprünglich für ihn bestimmt war.

Ich weiß nur noch eins: Mich ereilte nach der Rückkehr in mein Elternhaus die schlimmste Strafe, die ich mir damals vorstellen konnte – und sie sollte zeitnah vollstreckt werden. Ruth hatte gepetzt und veranlasst, dass die Familie bereits zu Gericht gesessen und mich schuldig gesprochen hatte, ohne mich anzuhören. Die Strafe lautete kurz und bündig: „Du darfst heute nicht zum VfL – keine weitere Diskussion." Katastrophe. Ich war Ersttäter, sah meinen Fehler ein und war ansonsten ein lieber Junge. Warum diese Härte? Warum hat man nicht das Gespräch gesucht, mir das fehlende Verständnis der Erwachsenen für mein Tun vermittelt, aber auch meine kindliche Unvernunft als mildernden Umstand bei der Urteilsfindung berücksichtigt? Ein Lakritzverbot hätte gereicht, ich wäre dann auf Prickel-Pit oder Waffelbruch umgestiegen. Aber nein, gleich die volle Breitseite.

Natürlich richtete sich mein Zorn gegen meine große Cousine. Wenn sie mich als Säugling mit dem Kinderwagen durch die Gegend schob, geschah das nicht immer aus reinster Nächstenliebe - nein, sie hat diesen Job auch übernommen, um dabei ihre männlichen Verehrer zu treffen. Niemals wäre es mir in den Sinn gekommen, sie in die Pfanne zu hauen oder mich zu Hause auch nur andeutungsweise darüber zu beschweren, dass ich frierend im Kinderwagen gelegen habe, während sie ihren Spaß hatte und mich als Mittel zum Zweck benutzte. Kein Sterbenswort kam über meine Lippen, obwohl ich Mitwisser ihrer heimlichen Verabredungen war.

Der Nachmittag war für mich eine einzige Qual. Immerhin hatten 10.000 Besucher den Weg zur Brücke gefunden, ich konnte die Reaktionen der Zuschauer nicht überhören. Es schien reichlich was los zu sein. Ich rannte zwischen unserer Wohnung in der ersten Etage und dem gerade ausgebauten Spitzboden hin und her, um wenigstens von der Bodenluke aus ein wenig vom Geschehen mitzubekommen, das sich im Stadion abspielte. Beim Einbau der Bodenluke wurde leider nicht berücksichtigt, dass Siebenjährige noch nicht ausgewachsen sind, so dass ich einen günstigen Moment abwarten musste, um heimlich einen Stuhl als ‚Unterstützung' nach oben zu transportieren.

Lila-Weiß spielte gegen Rot-Weiß und der VfL hatte einen glänzenden Tag erwischt.

Der kleine rundliche Trainer Paul Bornefeld, der voller Stolz seine Borgward Isabella durch Osnabrück steuerte, konnte sich mit seiner Mannschaft über einen der höchsten Siege freuen.

Der VfL schickte Eimsbüttel mit 8:2 zurück nach Hamburg, dabei schossen Erich Gleixner, Theo Schönhöft, Struppi Knobloch und Hansi Alpert, der im Mai 2015 in Osnabrück seinen dreiundachtzigsten Geburtstag feierte, die Tore.

Ich war nicht dabei, habe gelitten wie ein Hund und musste bis zum 25. September 1960 warten, um wieder im Stadion zu erleben, wie der VfL acht Tore schoss, dieses Mal gegen Werder Bremen zum 8:3-Sieg. Damit alles seine Ordnung hatte, kassierte der VfL im Rückspiel im Bremer Weserstadion eine 0:5-Niederlage, wobei zu allem Überfluss dieses Spiel auch noch direkt im Fernsehen übertragen wurde.

Meine Liebe zum VfL hat sich nach der Saison 2010/11 und dem daraus resultierenden Abstieg aus der Zweiten Bundesliga und nach all den Querelen in der Vereinsführung zwar ein wenig abgekühlt, die Flamme aber lodert immer noch und wartet nur darauf, neu entfacht zu werden.

Dafür hat sich das Verhältnis zu meiner Cousine wieder normalisiert, und auch mit Geistlichen habe ich keine Probleme mehr.

Meine lila-weiß durchtränkte Kindheit

Kalla Wefel

Udo Lattek war der erfolgreichste deutsche Vereinstrainer aller Zeiten. Er hat Franz Beckenbauer, Uli Hoeneß, Jupp Heynkes, Gerd Müller, Paul Breitner, Lothar Matthäus, Diego Maradona und mich trainiert. Ich weiß nicht, ob er bei den Kollegen noch Schulden hat. Mir gegenüber hat er über seinen Tod hinaus seine Schulden nie beglichen.

Im Jahr 1963 wetteiferten die Beatles und Schnulzensänger Freddy Quinn um die Gunst der deutschen Radiohörer. Deutschland war erst einmal Weltmeister und die Bayern nur einmal Deutscher Meister geworden. Die Bundesliga befand sich im Gründungsjahr. Das Match Beatles gegen Freddy endete mit einem in der Geschichte unvergleichlichen Kantersieg der Liverpooler. Die Zeiten, die Musik und der Fußball waren hart und im Wandel begriffen.

Zu meinem 12. Geburtstag bekam ich Fußballschuhe und Samba-Treter geschenkt.

„Die Fußballschuhe sind von uns, die Samba Schuhe von Onkel Friedel", klärte mich mein Vater auf und fügte augenzwinkernd hinzu:

„Natürlich hat er dabei einen Hintergedanken."

„Hä, wie meinst du das, Papa?"

„Das will er dir erst morgen verraten. Du brauchst die Schuhe jedenfalls für die Halle, mehr weiß ich auch nicht. Du sollst morgen Nachmittag zu ihm unten ins Büro kommen, bevor du zu Frieder hoch gehst."

„Klingt ja spannend. Du weißt doch ganz bestimmt, worum es geht, oder? Du veräppelst mich doch nur schon wieder …"

„Keine Ahnung", log mein Vater grinsend und winkte ab. Nachhaken hatte nun keinen Sinn mehr, das wusste ich, denn dazu kannte ich ihn seit meiner Geburt zu gut.

In der Schule wurde ich mit großem Hallo begrüßt. Von den Beatles hatte außer mir noch nie jemand etwas gehört, aber die Samba Schuhe von Adidas waren zumindest Claus und Harald ein Begriff und wurden entsprechend gewürdigt:

„Arschteuer die Dinger, aber der dicke Schwarze hat's ja!"

Mit ‚der dicke Schwarze' war natürlich Friedel Schwarze gemeint, der, seitdem ich sprechen konnte, mein Nennonkel Friedel und der beste Freund meines Vaters war. Er war damals der Präsident des VfL Osnabrück und wurde aufgrund seiner Leibesfülle oft nur der *Dicke* oder aber eben in Abgrenzung zum Dicken aus Hamburg, nämlich Uwe Seeler, der *dicke Schwarze* genannt. Mein Vater war Mannschaftsarzt und saß über all die Jahrzehnte auch häufig im Vorstand des Vereins. Natürlich alles ehrenamtlich. Von Freunden wurde er immer nur kurz und knapp *Karl* und von den VfL-Spielern meistens *Doc* genannt. Tante Hilde und Onkel Friedel hatten einen Sohn namens Frieder, mit dem ich mich hin und wieder zum Spielen in der Großen Gildewart 11 verabredete. Tante Hilde war eine Seele von Mensch und verwöhnte uns Kinder nach Strich und Faden. Pünktlich um 15.30 Uhr gab es Kuchen und Blümchenkaffee, und manchmal kam zu diesem Anlass auch Onkel Friedel von unten kurz hoch.

Das Gartenhaus in der Großen Gildewart 11 war gleichzeitig die Geschäftsstelle des VfL, in der wir auch manchmal spielen durften, jedenfalls, als wir noch kleiner waren. Am aufregendsten aber war der im Garten zum Spielen und Verrosten abgestellte Opel Olympia. Es war eine merkwürdige Zeit.

Auf den Tüten der Gemüsehändler im Westen stand ‚Esst mehr Obst, und ihr bleibt gesund!'. Im Osten hingegen konnte man sich diese Tüten sparen, da es ohnehin am notwendigen Füllmaterial mangelte. Die Nierentischära hatte nicht nur die Wartezimmer der Arztpraxen oder Frisiersalons in Beschlag genommen, sie war allgegenwärtig, und der Begriff Arbeitslosigkeit existierte praktisch nicht. Karmann produzierte rund um die Uhr. Das Wirtschaftswunder nahm seinen vollen Lauf.

Sicherlich war Onkel Friedel mit seinem Stahlbau einer der Motoren dieses Wirtschaftswunders. Und damit die Motoren richtig laufen, müssen die Schornsteine nun mal rauchen, was Onkel Friedel auch entsprechend wörtlich nahm: Eine Gold Dollar aus der ovalen grünen 50-er Dose oder eine Zigarre befanden sich stets in seiner unmittelbaren Umgebung und vorzugweise bereits qualmend im Mund.

Geraucht wurde aber immer und überall und von jedem, denn Rauchen war kein Privileg von Onkel Friedel. Mein Vater rauchte immer HB, so dass ich als Kind das Gefühl hatte, Rauchen gehöre zum Erwachsensein dazu, zumindest zum männlichen. Ein Grund mehr also, lieber Kind zu bleiben.

Bis zu meinem achten oder neunten Lebensjahr saß ich bei Heimspielen stets neben meinem Vater und Onkel Friedel auf der Trainerbank. Auch dort wurde geraucht, was das Zeug hielt. Wenn ich mich dann hustend über den Qualm beschwerte, wurde mir nur entgegengehalten, man wolle mit dem Rauch lediglich den Geruch meiner Windel übertünchen. Ich verdrehte dann nur gelangweilt die Augen, denn die Geschichte hing mir als Kind längst zum Hals raus.

Zig Jahre zuvor soll diese Windel in der damals noch vorhandenen Weitsprunggrube hinter dem Tor mit den Kopfballpendeln, also der heutigen Westkurve, von Theo Schönhöft, dem legendären Torjäger des VfL, in der Halbzeitpause mit den Stollenschuhen verbuddelt worden sein. Mein Vater hatte mich im Alter von zwei Jahren zur Entlastung meiner an Grippe erkrankten Mutter damals zum ersten Mal zur Bremer Brücke mitgenommen, während meine beiden großen Schwestern bei befreundeten Nachbarn untergebracht worden waren.

Ab meinem vierten Lebensjahr war ich dann fast immer dabei. Anfangs interessierte mich das Geschehen auf dem Platz kaum, aber ich konnte ja hinter dem Tornetz mit einem der Reservebälle selbst spielen. Man stelle sich nur mal vor, heute würde während eines Fußballspiels hinter einem der Tore ein Kind Fußball spielen – wahrscheinlich gäbe es vom DFB oder der DFL für den Rest der Saison eine Stadionsperre.

Mit vier, fünf Jahren durfte ich in der engen und von Schweiß und Dampf durchtränkten Umkleidekabine im Souterrain der Kreuzschule den Spielern sogar die Prämie auszahlen. Onkel Friedel drückte mir dann ein Bündel Zwanzigmarkscheine in die Hand, und die Spieler stellten sich brav vor mir an und alberten dabei mit mir herum. Walter Bulik, der nicht viel größer war als ich, stellte sich immer unter dem gespielten Protest seiner Mitspieler gleich mehrmals an. Onkel Friedel gab mir deshalb einmal extra ein paar Fünfmarkscheine nur für Walter, so dass er sich dieses Mal unfreiwillig für jeden Fünfer neu anstellen und um die mitten im Raum stehende Massageliege herumlaufen musste. Da die Prämie vierzig D-Mark betrug, rannte er unter großem Gejohle der Mitspieler und mit von Runde zu Runde stetig nachlassendem Tempo durch den Raum, bis er am Ende nur noch auf allen Vieren kroch.

Ich habe all diese Spieler ohne Ausnahme als sehr nette Menschen in Erinnerung, doch Walter Bulik war ein ganz besonders kinderlieber Mensch, der mich stets zum Lachen bringen konnte.

Irgendwann ging es dann nach der Kabinenprozedur mit dem großen schwarzen Auto von Onkel Friedel nach Hause. Vorher aber wurden die Einnahmen und Restkarten in schäbigen alten Schuhkartons im Gepäckraum verstaut, um sie dann in der Großen Gildewart im Gartenhaus abzustellen, wo sie in einem Safe landeten.

Da ich mit acht, neun Jahren nicht mehr auf der Trainerbank sitzen musste, durfte ich mich endlich im Stadion frei bewegen. Auf der West thronte ganz oben auf dem Lehmhügel eine kümmerliche Würstchenbude – die einzige im ganzen Stadionbereich – die selbst in der Halbzeit nur selten wirklich belagert wurde. Eine Wurst kostet anfänglich 80 Pfennig, später, mit wachsendem Wohlstand, eine Mark. Das war viel Geld, und schließlich ging man zum Fußballgucken ins Stadion und nicht, um dort zu trinken oder gar zu essen – was für ein abwegiger Gedanke.

Meistens stand ich mit meinen Kumpels aus dem Verein oder aus der Schule auf den Tribünenstufen hinter dem Tor, auf das der VfL spielte. Eine Ost- oder Westkurve im heutigen Sinne gab es noch nicht, sondern nur diverse geographische Umschreibungen. Tatsächlich fand in der Halbzeit stets die große Völkerwanderung statt, was bei häufig nur zwei- bis dreitausend Zuschauern kein Problem darstellte. Die Gästefans, damals Schlachtenbummler genannt, mischten sich im Stadion unter die Osnabrücker, von Stress keine Spur.

Während aus den völlig unterdimensionierten Drucklautsprechern Werbung wie „Beneidenswert, wer Goggo fährt!“ oder „Aus gutem Grund, nach alter Sitte, hierzulande Juno bitte!“ krächzte, machten wir Kinder uns auf den langen Marsch hinter das Tor des Gegners. Abgetrennte Bereiche gab es ohnehin nirgends. Man konnte sich im Stadion, das noch Kampfbahn Bremer Brücke hieß, völlig frei bewegen. Neben meiner familiär bedingten Stadionkarriere spielte ich dann ab meinem zehnten Lebensjahr zusätzlich in der Ersten Knaben des VfL, der heutigen D-Jugend, und hörte erst viele Jahre später in der A-Jugend auf, weil mich irgendwann Rockmusik und Miniröcke weit mehr faszinierten als Trainingseinheiten in der Kreuzzschule oder am Haster Weg.

Dabei hatten wir häufig wirklich nette Betreuer und Trainer, die mit uns Kindern umzugehen wussten, und manches Mal rekrutierten sich unsere Übungsleiter sogar aus dem Spielerkader der Ersten Herren.

Besonders angenehm in Erinnerung habe ich dabei *Zorro* Wöbker, der uns in der Ersten Schüler (heute C-Jugend) sehr gut im Griff hatte und der sich (vor allem für damalige Verhältnisse) uns gegenüber ungewohnt locker und fair verhielt. Sein unverkrampftes Auftreten und sein auf Spaß am Spiel beruhendes Training werde ich nie vergessen. Zorro verkörperte eine neue Generation, die den Krieg, wenn überhaupt, nur noch als Kind erlebt hatte, und die ihn vor allem aus tiefster Überzeugung ablehnte. Ganz im Gegensatz zu einigen Ewiggestrigen, die dieser Zeit ganz offen hinterhertrauerten. An allen Ecken und Enden traf man diese lebenden Ruinen an, die nicht aufhören wollten, ihren hässlichen Krieg zu führen. Zorro, der wahrscheinlich nur freundlicher und nicht so autoritär wie meine Lehrer am Ratsgymnasium war, punktete jedenfalls nicht nur bei mir, sondern auch bei meinen Mitspielern ohne Ende, denn er setzte neue, weil ungewohnte Maßstäbe.

Besondere Höhepunkte stellten natürlich die Vorspiele dar, die wir als Knaben hin und wieder auf dem heiligen Rasen der Bremer Brücke bestreiten durften, wenn große Gegner wie der HSV, Werder Bremen, St. Pauli, 96 oder Eintracht Braunschweig kamen. Sobald sich die Ränge zu füllen begannen, bekam man zumindest eine Ahnung davon, was für ein Gefühl es sein musste, vor einer solch gewaltigen Kulisse zu spielen und von ihr angefeuert zu werden.

Nun war es also soweit: Einen Tag nach meinem zwölften Geburtstag trat ich bei Onkel Friedel an und bedankte mich bei ihm artig für die neuen Samba Schuhe. Wie ich durch die dichten Rauchschwaden hindurch erkennen konnte, nickte der riesige Mann hinter dem Schreibtisch zufrieden, bevor er mit seiner extrem tiefen Stimme das für ihn viel zu kleine Büro zum Erbeben brachte: „Also, Kalli. Ich hab da so eine Idee. Du weißt ja, dass Frieder diese Behinderung an der Hand hat, so dass er in einer normalen Mannschaft kaum mitspielen kann. Deshalb habe ich mir mit deinem Vater Folgendes überlegt: Du stellst gemeinsam mit Frieder eine Gruppe aus zehn, zwölf Jungs zusammen, zu der ihr beiden natürlich auch gehört. Mit dieser Gruppe spielt ihr dann ab sofort jeden Mittwoch zwischen 15.00 und 17.00 Uhr in der neuen Sporthalle am Schlosswall Fußball.“

Mich musste man keine Sekunde bitten, wenn es ums Fußballspielen ging, das wussten auch Onkel Friedel und mein Vater, als sie diesen Plan gemeinsam ausgeheckt hatten.

„Super!", willigte ich sofort ein. „Ist denn auch irgendein Erwachsener dabei, der aufpasst? Oder kriegen wie einfach die Schlüssel?"

Onkel Friedel grinste. „Gute Frage. Und jetzt kommt es ja erst … welchen Trainer hättest du denn am liebsten dabei?"

„Zorro natürlich, wen denn sonst?", antwortete ich, ohne zu zögern.

„Zorro? Wieso denn das?", erkundigte sich Onkel Friedel fast ein wenig erstaunt.

„Weil wir noch nie so viel Spaß beim Training hatten wie jetzt mit Zorro. Wirklich, Onkel Friedel, Zorro ist einfach klasse. Plötzlich kommen auch wieder fast alle regelmäßig zum Training."

„Na, das freut mich aber für euch … und auch für Zorro. Dass der mit euch gut umgehen kann, hab ich mir schon gedacht. Zorro ist es aber nicht, denn der hätte auch gar keine Zeit für die Mittwochsgruppe."

„Und wer macht das nun?", erkundigte ich mich neugierig.

„Also, diese neue Mittwochsgruppe hat offiziell mit dem VfL überhaupt nichts zu tun. Das ist nämlich eine reine Privatveranstaltung."

„Wie jetzt?"

„Wie gesagt, das Ganze hat mit dem VfL nichts zu tun, dennoch braucht ihr ja so etwas wie einen Trainer. Zorro geht nicht, aber was hältst du denn von unserem Mittelstürmer Udo Lattek?"

„Udo? Ja, der ist auch klasse. Klar. Obwohl Papa immer sagt, dass Udo sich vor dem Tor nach der Ballannahme viel zu langsam dreht, dafür ist er aber klasse beim Kopfballspiel."

Onkel Friedel grinste nickend. Das mit der zu langsamen Körperdrehung Udo Latteks vor dem Tor war offenbar schon mal auf einer Vorstandssitzung oder sonst wo Gesprächsthema gewesen.

„Also, Kalli, schnapp dir ein Dutzend Jungs, und nächsten Mittwoch geht's dann um 15.00 Uhr in der neuen Schlosswallhalle los. Seid aber bitte wenigstens zehn Minuten früher pünktlich zum Umziehen da."

Es stellte wahrhaftig kein großes Problem dar, neben uns beiden noch zehn andere Jungs zu mobilisieren. In der hochmodernen neuen Schlosswallhalle mit diesen tollen Handballtoren und dem großen Spielfeld schräg gegenüber vom *Rats* Fußball spielen zu dürfen und dann noch einen VfL-Spieler als Trainer dabei zu haben, war für jeden Jungen – Mädchen als Spielerinnen gab es damals ja noch nicht – ein absoluter Traum. Udo Lattek, der ein Jahr zuvor vom Talentspäher Heingerd Tenfelde beim VfR Wipperfürth entdeckt worden war und erst im Mai 1962 zum VfL gekommen war, erfreute sich schon im ersten Jahr seiner VfL-Karriere wachsender Beliebtheit beim Publikum, weil er sich allmählich zum Goalgetter gemausert hatte.

Neben Frieder und mir spielten ausschließlich Jungs aus unseren Freundeskreisen mit, von denen niemand beim VfL war. Onkel Friedel hatte mir noch mit auf den Weg gegeben, dass die Gruppe intern als Krabbelgruppe bezeichnete werde, da man in der neuen Halle keinen Fußball spielen dürfe. Das war zwar purer Unsinn, denn wir hatten dort mit dem VfL bereits ein Jugendfußballturnier zu Ehren von Erich Gleixner veranstaltet, doch wurde mir schnell klar, dass irgendetwas dahintersteckte, das nicht an die Öffentlichkeit dringen sollte. Also erzählte ich allen Interessierten die Räuberpistole vom unerlaubten und geheimen Fußballtraining unter der Regie von Udo Lattek in der tollen neuen Halle. Einen Tag vor dem ersten Mittwochstraining der Krabbelgruppe, die später fälschlicherweise von VfL-Archäologen immer wieder als Gymnastikgruppe bezeichnet wurde, sagte mir mein Vater, dass Udo von nun an nicht nur die Krabbelgruppe leite, sondern auch jeden ersten Mittwoch im Monat um 19.00 Uhr zu uns komme, um sich einen Briefumschlag abzuholen. Ich wusste mit meinen zwölf Jahren ganz genau, was das zu bedeuten hatte, dazu hatte mich mein Vater schon zu häufig unter dem Siegel der Verschwiegenheit in die internen Vorgänge beim VfL eingeweiht: Von nun an sollte sich Udo also jeden ersten Mittwoch im Monat einen Briefumschlag mit Schwarz- oder, besser gesagt, mit Schwarze-Geld abholen.

„Wie viel ist denn da drin?", wollte ich wissen.

„Fünfhundert Mark, aber behalt das für dich."

Ich nickte nur. Damit war klar, dass ich darüber niemandem etwas erzählen würde, jedenfalls nicht, solange einer der Beteiligten noch lebte oder sich mit mir gemeinsam in einem Raum oder auf dem Schulhof aufhielt. Von Verjährungsfristen und Selbstanzeigen

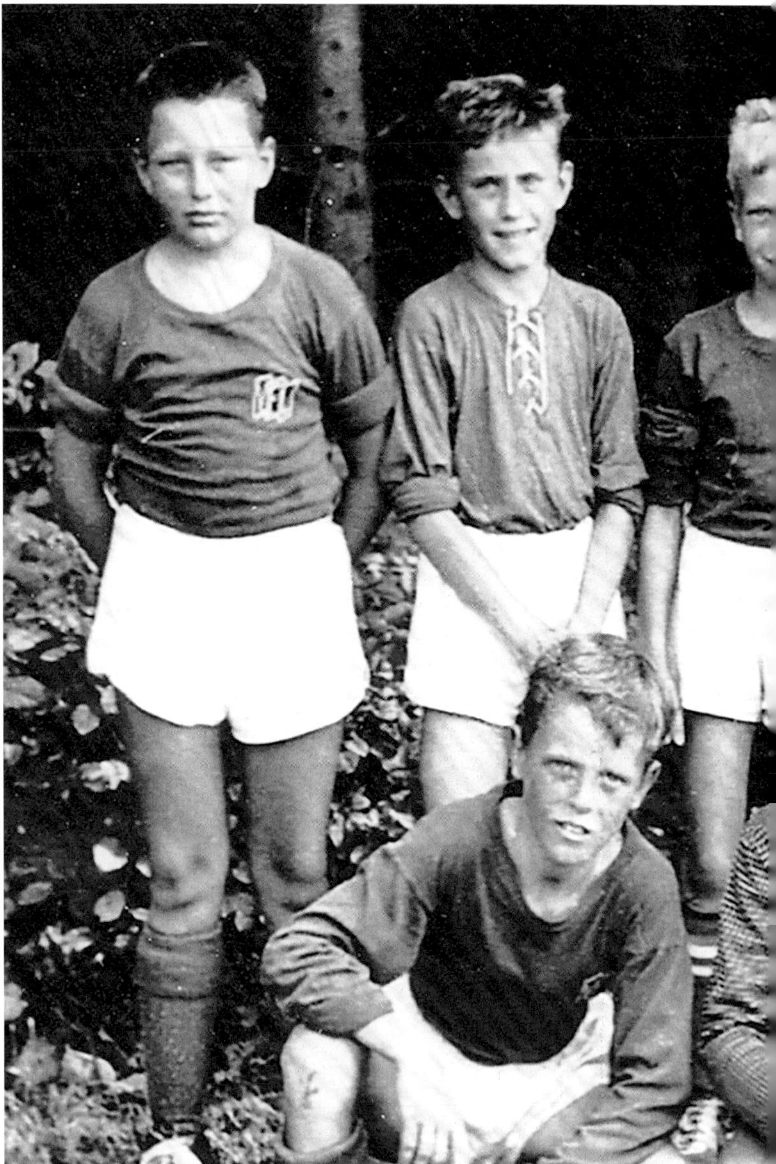

Die Erste Knabenmannschaft des VfL mit Kalla Wefel, 1962. Hintere Reihe v. l.: Harald Rupp, Klaus Beckmann, Norbert Schröder,?, Michael Gleixner, untere Reihe v.l.: Dieter Bartels, Peter Borcherding, Kalla Wefel.

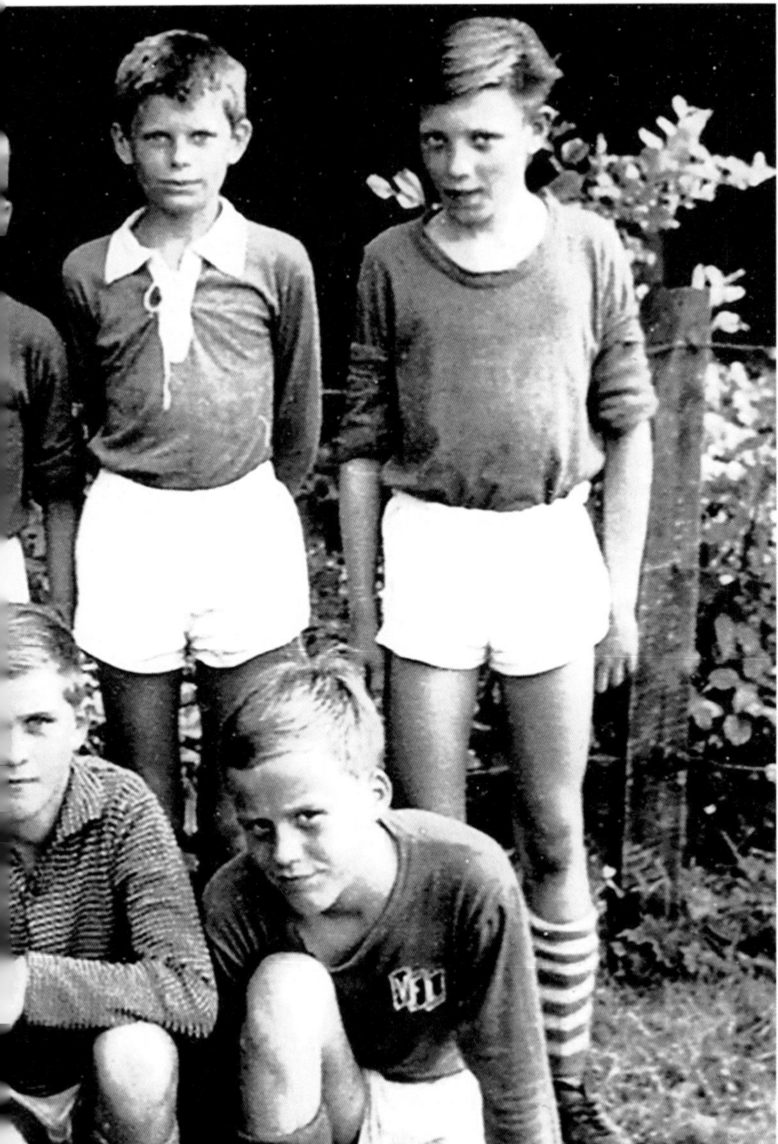

bei Steuerhinterziehungen hatte ich damals noch keinen blassen Schimmer und, ehrlich gesagt, heute auch noch nicht.

Sobald Udo wieder einmal seinen Briefumschlag bei uns zu Hause abholen wollte, schickte mich mein Vater wenigstens zehn Minuten vorher zum Spähen ans Fenster: „Los, guck mal aus dem Fenster, Kalli! Udo zieht bestimmt schon wieder draußen auf der Straße Furchen."

Meistens hatte er recht, und Udo ging, die Hände hinterm Rücken verschränkt, vor unserem Haus auf und ab. Zum Furchenziehen reichte es zwar nicht, aber fünfhundert Mark für zwei Stunden pro Woche Fußballtraining netto bar auf die Kralle, das war damals eine gewaltige Stange Geld, für die sich ein rechtzeitiges Erscheinen allemal lohnte. Gegenüber uns Jungs trat Udo genauso locker auf wie Zorro, und der Spaß- und Wohlfühlfaktor war an diesen Mittwochnachmittagen extrem hoch. Udo sprach unsere Sprache und hatte offenbar selbst viel Vergnügen an dem Training. An dieser Stelle möchte ich mit der mir innewohnenden, fast unterwürfigen Bescheidenheit einflechten, dass ich durchaus mit dem Ball umzugehen wusste. Jedenfalls lobte Udo irgendwann für jedes geglückte Fallrückzieher-Tor sogar eine Tafel Schokolade aus.

Jawohl!

Eine ganze Tafel Schokolade!

Heute kaum vorstellbar, aber damals war das eine der härtesten Währungen auf sämtlichen Schulhöfen der Republik! Eine Tafel Schokolade entsprach zwanzig Nappos oder zwanzig Stangen Prickel Pit oder zehn Stangen Kanold Bonbons oder gar zwei kompletten Riesenportionen Pommes mit doppelt Mayo und Ketchup im Keller von Hertie.

Udo ging mit uns Kindern wirklich großartig um, war immer gut gelaunt, und bei der ein oder anderen kniffligen Situation mit uns half ihm bestimmt seine pädagogische Ausbildung weiter. Als mir an einem Mittwoch gleich zwei Fallrückzieher-Tore gelangen, teilte ich die beiden Tafeln Trumpf Vollmilch-Nuss, die Udo zuvor anstandslos in der Garderobe herausgerückt hatte, mit den anderen Jungs. Dabei kam mir eine naheliegende Idee. „Mensch, Leute, greift mich doch beim nächsten Mal einfach nicht an, dann lege ich mir den Ball selbst zurecht und mache bestimmt viel mehr Tore. Der Torwart muss natürlich auch mitmachen und jeden Fallrückzieher durchlassen. Die Tafeln teilen wir dann später gerecht untereinander auf.“ Normalerweise waren wir Jungs noch wenige Jahre zuvor unbestechliche Indianer, Cowboys oder Ritter gewesen. Mit elf, zwölf Jahren entpuppten wir uns nun mit einem Schlag als ehrlose und skrupellose Gesellen, denn mein ketzerischer Plan wurde sofort einstimmig und unter großem Jubel angenommen.

Eine Woche später war es so weit. Mir gelangen sage und schreibe acht Fallrückzieher-Tore, die allerdings auch ein Hüftlahmer hätte versenken können. Dann kam der große Augenblick der Preisverleihung ...

Wir saßen kichernd in der Kabine und warteten gespannt auf die Bescherung, bevor wir uns duschen und umziehen wollten. Mit einem heftigen Ruck sprang die Tür auf.

Udo stand mit hochrotem Kopf im Türrahmen. In der rechten Hand hielt er einen ganzen Stapel Schokoladentafeln, die er, ohne einen Ton zu sagen, mit einem gewaltigen Wurf an die steinerne Wand auf der gegenüberliegenden Seite warf. Die Tafeln zerbarsten mit dumpfem Knall in tausend Stücke. Udo selbst zerbarst fast vor Wut und brüllte wider allen pädagogischen Grundregeln: „Glaubt ihr kleinen Arschlöcher eigentlich wirklich, dass ich das nicht gemerkt habe?! Für wie blöde haltet ihr mich eigentlich?! Das war's mit uns! Was da hinten an der Wand klebt, sollte der Vorrat für die nächsten Wochen sein. Von jetzt an gibt es gar nichts mehr! Ist das klar?!“

Udo knallte wutschnaubend die Tür zu und verschwand.

Für ein paar Sekunden herrschte betretenes Schweigen, und wir saßen oder standen alle wie erstarrt da. Als wir jedoch nach der ersten Schreckensphase zwischen Lachen und peinlichem Entsetzen allmählich die Fasson wiedererlangt hatten, sammelten wir behutsam die Verpackungsfetzen und Schokoladentrümmer ein. Nach penibelsten Rekonstruktionsarbeiten auf einer der langen Bänke stand das Ergebnis der rasch ins Leben gerufenen Untersuchungskommission ‚Eine Tafel Schokolade pro Fallrückzieher‘ fest:

Udo hatte drei Tafeln unterschlagen!

Drei ganze Tafeln Vollmilch Nuss!

Noch vor wenigen Jahren hätte nach einem solchen Kapitalverbrechen der Galgen oder eines der beiden Kopfballpendel vor der Westkurve auf ihn gewartet. Auch mehrmaliges Kontrollieren änderte nichts am Ergebnis der unbestechlichen Sonderkommision: Es fehlten eindeutig drei Tafeln! Irgendwie fühlte ich mich als Rädelsführer dieser Aktion nun nicht mehr ganz so schäbig wie noch kurz zuvor nach Udos Wutausbruch, traute mich aber nie wieder, das Thema in seiner Gegenwart anzusprechen. Ich habe mich nicht einmal bei ihm entschuldigt. Irgendwann verließ Udo den VfL, weil er von Hennes Weisweiler an den DFB als Assistenztrainer der Nationalmannschaft empfohlen und später zu einem der erfolgreichsten Vereinstrainer aller Zeiten wurde.

Für mich reichte es hingegen in den folgenden Jahren nur zum Platzwart, für den ich in den Sommerferien hin und wieder an der Bremer Brücke als Vertretung einspringen durfte. Fünf Mark pro Stunde bekam ich dafür, damals eine ungeheure Summe. Die wöchentliche Auszahlung fand dann übrigens immer stilecht in Form einer VfL-typischen Zeremonie statt, bei der mir von meinem Vater oder Onkel Friedel ein weißer Briefumschlag überreicht wurde. Der Job machte vor allem riesigen Spaß, da ich fast den ganzen Tag mit dem Spindelmäher durchs Stadion rasen konnte. Das war aufregender, als auf dem Jahrmarkt Autoscooter zu fahren, und ich bekam auch noch Geld dafür, statt welches bezahlen zu müssen. Allerdings hatte ich gleich am zweiten Tag vergessen, die Mähmesser hoch zu stellen, was selbst mir irgendwann durch eine mittlerweile fast rasenbefreite, dafür aber umso stärker staubende Fläche vor der Südtribüne ins Auge stach.

Ich geriet in Panik. Es war Anfang Juli, und nur einen Monat später sollte der Saisonauftakt gegen Altona 93 an der Bremer Brücke stattfinden.

Nach kurzer Überlegung fuhr ich mit dem Fahrrad ins Stadtkrankenhaus und beichtete dort alles umgehend meinem Vater. Nach einer in gewissem Sinne nicht ganz unberechtigten Strafpredigt telefonierte er mit ein paar Leuten aus der Verwaltung und delegierte schließlich eine ganze Kompanie VfL-affiner städtischer Krankenhausgärtner zur Brücke, so dass sich der Rasen bereits nach zwei Wochen wie durch ein Wunder in einem nie zuvor gesehen absoluten Bestzustand präsentierte. Als der angestammte Platzwart wenige Tage später aus dem Urlaub zurückkehrte, staunte er am Übergabetag jedenfalls nicht schlecht, in welch perfektem Zustand ihm seine junge Vertretung den Rasen übergeben konnte.

Das Ausscheiden Udo Latteks bedeutete auch das jähe Ende unserer Krabbelgruppe. Doch es gab auch Lichtblicke: Heinrich Lübke erfand die Realsatire, und im Universum-Kino lief der Beatles-Film *A Hard Day's Night*. Die gleichnamige Langspielplatte schenkten mir meine beiden großen Schwestern zum dreizehnten Geburtstag. Mein Lateinlehrer zog sie noch am selben Tag während des Unterrichts aus meiner Schultasche und schlug sie mir erst wutschnaubend um die Ohren und dann immer wieder auf die Tischkante, bis sie in tausend Stücke zersprang. Das war mir eine Lehre fürs Leben: Dieser hässliche alte Mann war das Gegenteil von allem, was mir gefiel. Er war die personifizierte Antithese zu Zorro, Udo Lattek oder den Beatles oder selbst nur zu dem, was den Gegenwert eines korrekt erzielten Fallrückzieher-Tores verkörperte. Dieser widerliche Mann in seinem hässlichen grünen Lodenmantel war es von nun an nicht einmal mehr wert, von mir ignoriert zu werden. Fast ohnmächtig vor Wut lief ich nach Hause und zerriss sämtliche Schulbücher in hunderttausend Stücke, und selbst die Beatles schrien ein Jahr später um Hilfe.

Aber ich hatte ja noch meinen VfL, und der ist genauso unzerbrechlich und unvergänglich wie die Musik der Beatles selbst.

Würde ich nun zum Schluss noch erwähnen, dass ich die Beach Boys und die Kinks immer ein ganzes Stück lieber als die Beatles mochte, und dass das Ganze dennoch absolut nichts mit Peter Gabriel, Werner Biskup und dem FC St. Pauli, dafür aber eine Menge mit Brian Wilson, Gerd Volker Schock und César Luis Menotti zu tun hat, dürfte ich nur mal wieder unnötig Verwirrung stiften.

Darum lasse ich das lieber. Obwohl …?

Also, als der VfL 1968 …

Ach, vergiss es. Das ist nun wirklich eine ganz andere Geschichte …

Hilfe zur Selbsthilfe für hartgesottene VfL-Fans und Fußball-Historiker

Peter von Koss und Kalla Wefel

Der VfL Osnabrück wurde in seiner 122-jährigen Geschichte einige Male entscheidend benachteiligt: Der wohl größte Skandal, der nach unserem Wissen noch nie wirklich detailliert aufgearbeitet wurde, fand 1963 statt, als man dem Verein die Teilnahme an der Ersten Bundesliga verwehrte. Kalla Wefel und Peter von Koss, die Autoren des Buches *111 Gründe, den VfL Osnabrück zu lieben*, sagen einhellig dazu: „Wir waren damals elf, respektive sechzehn Jahre alt und haben nun in häuslicher Isolationshaft unser Kindheitstrauma dank unserer akribischen Nachforschungen endlich überwinden können.“ *(Dieser Text wurde im April 2020 geschrieben.)*

Warum der VfL 1963 nicht in die Erste Bundesliga aufgenommen wurde

Wenn die Zukunft ungewiss ist, sollte man sich um die Vergangenheit kümmern. Wie grausam war sie früher, diese fußballlose Zeit zwischen zwei Spielzeiten. Und nun? Freut sich wirklich jemand auf den Geister-Fußball, der in leeren Stadien demnächst auf uns zukommen soll? Seit März 2020 läuft im Fußball so gut wie nichts. Und irgendwie scheint der Ballzauber nur wenigen wirklich zu fehlen, zu wichtig ist die Gegenwart und die Angst oder auch nur Ungewissheit vor der Zukunft. Und so entweicht dem Fußball von Tag zu Tag immer mehr Luft, wenngleich die in Panik geratenen Offiziellen nicht müde werden, ihn als systemrelevant darzustellen.

Ob in den Printmedien oder im TV: Angesichts des fehlenden Profisports greifen die Redaktionen ins Archiv und erfreuen uns mit brandaktuellen Aufzeichnungen oder ollen Kamellen. Sogar längst archivierte „Bad Boys“ geraten wieder ins Rampenlicht. Ob man dabei dem Ohrenschmaus eines Mike Tysons oder den vollendeten Bestechungsversuchen eines Schiedsrichters eine Plattform geben muss, ist sicherlich Geschmackssache und darüber streitet man bekanntlich nicht – über Geschmacklosigkeiten, wie sie von einigen DFB-, DFL- oder Vereinsfunktionären nicht erst seit heute immer wieder in die Welt gesetzt werden, allerdings schon. Selten wurde es in den vergangenen Tagen und Wochen offensichtlicher, dass sich beim Profifußball alles, wirklich alles, nur ums Geld dreht und er sich selbst viel zu wichtig nimmt. Denn eins wird in diesen Tagen auch klar: Der Fußball ist alles Mögliche, nur ist er garantiert nicht systemrelevant und jede Krankenschwester, Kassiererin oder Altenpflegerin, jeder LKW-Fahrer oder Krankenpfleger ist wichtiger und auch wertvoller als ein *Messi* oder *Neymar*.

Mit der geplanten Einführung der Geisterspiele beschreiten DFL und DFB den Weg in die fanlose Sackgasse, aus der es womöglich kaum ein Zurück geben wird. All die Skandale um die FIFA, die UEFA oder um den DFB lassen sich seit Jahren nicht mehr vertuschen und werden uns in ihrer gesamten Lächerlichkeit, Niedertracht und Menschenverachtung spätestens im wüsten Katar auch plastisch vor Augen geführt werden. Es wird spannend, wie sich der Fußball in der Nachcoronazeit generell präsentieren wird. Es wird spannend, ob die Fans nach wie vor jede Kröte schlucken werden.

Derzeit läuft übrigens in der Schweiz ein Gerichtsverfahren gegen den DFB fast unter Ausschluss der Öffentlichkeit, das auf den 20. April verschoben wurde und somit kurz vor der Verjährung steht. Warum aber die Aktualität bemühen und in die Ferne schweifen, wenn die wahren Skandale vor der Haustür liegen, inszeniert und arrangiert vom Deutschen Fußballbund höchstpersönlich.

Fußballmafia DFB!

Seit Jahren skandieren die Fans in den Fußballstadien der Republik *Fußballmafia DFB!* Situationsbezogen müsste es des Öfteren anstatt DFB wohl DFL heißen, aber der gemeine Fan benutzt den DFB als Synonym für all jene Entscheidungen, die die Kurven missbilligen.

Da die DFL erst seit dem 1. Juli 2001 die Bundesliga und die Zweite Bundesliga organisiert und vermarktet, kann der am 28. Januar 1900 im Leipziger Mariengarten gegründete DFB auf eine wesentlich längere Historie zurückblicken, hatte also auch deutlich mehr Zeit, etliche Skandale und Intrigen für sich in Anspruch zu nehmen.

Bis in die jüngere Vergangenheit hinein wird deutlich, dass Transparenz nicht unbedingt zu den hervorstechendsten Merkmalen der Entscheider in der Frankfurter DFB-Zentrale zählt. Aktuell versucht ein Schweizer Gericht Licht in das Dunkel um merkwürdige Zahlungen im Zusammenhang mit der WM 2006 zu bringen. Die Verjährungsfrist, aktuell mit Corona gedopt, läuft der Wahrheitsfindung davon und wird wohl nicht mehr eingeholt werden.

Was aber hat das mit unserem VfL zu tun?

An der Bremer Brücke hätte man schon seit Jahrzehnten jeden Grund gehabt, skandierend oder auf Plakaten den Verband an den Pranger zu stellen, der dem VfL 1963 die Eingliederung in die Erste Bundesliga verweigert hatte. Bis zum Sommer 1963 wurde der Deutsche Fußballmeister in einer Endrunde ermittelt. Dort trafen in zwei Vierergruppen in Hin- und Rückspielen die Staffelsieger der fünf Oberligen sowie die drei Zweitplatzierten aufeinander; die beiden Gruppensieger bestritten das Endspiel um die Deutsche Meisterschaft. In dieser Endrunde war der VfL 1949/50 (noch mit 16 teilnehmenden Mannschaften, die im K.o.-System auf neutralem Platz gegeneinander antraten) und 1951/52 vertreten.

Als der DFB am 28. Juli 1962 in Dortmund beschlossen hatte, zur Saison 1963/64 die Bundesliga einzuführen, konnten sich Vereine bis zum 1. Dezember 1962 um einen der 16 vorgesehenen Plätze bewerben. Die Gründung einer eingleisigen höchsten Spielklasse wurde vom ehemaligen Bundestrainer Sepp Herberger schon lange gefordert, war aber dennoch nicht unumstritten. So gab es unter anderem beim Hamburger SV und beim 1. FC Nürnberg anfangs eine eher ablehnende Haltung. Am Ende reichten insgesamt 46 Vereine ihre Bewerbung ein, darunter auch der VfL Osnabrück, der in der alten Oberliga Nord neben dem HSV, Werder Bremen und dem FC St. Pauli alle 16 Spielzeiten komplett durchgespielt hatte. Dass dieser Umstand nicht unwichtig war, wird deutlich, wenn man die sportlichen Kriterien betrachtet, nach denen die Gründungsmitglieder ursprünglich ausgewählt werden sollten.

Von den 16 zukünftigen Bundesligavereinen sollten jeweils fünf aus den Oberligen West und Süd, drei aus dem Norden, zwei aus dem Südwesten und einer aus Berlin kommen. Der DFB entwickelte einen abenteuerlichen Qualifikationsmodus auf der Grundlage der vergangenen zwölf Spielzeiten, die sogenannte Zwölfjahreswertung:

- Jeder Verein, der zwischen 1951 und 1963 in einer der fünf Oberligen spielte, erhielt pro Saison drei Punkte. Der Erstplatzierte der Abschlusstabelle seiner Oberliga erhielt sechzehn Zähler zusätzlich, der Zweite bekam fünfzehn, der Dritte vierzehn und so weiter.
- Die Punkte aus den Jahren 1956 bis 1959 wurden verdoppelt, jene von 1960 bis 1963 verdreifacht. Für die Platzierungen in den Endrunden um die Deutsche Meisterschaft gab es weitere Bonuspunkte.
- Der Deutsche Meister und der Pokalsieger erhielten zwanzig Zähler extra, die Finalisten zehn. Für die Spielzeit 1962/63 wurden keine Zusatzpunkte verteilt.

Eine über jeden Zweifel erhabene Findungskommission

wurde eingesetzt, zu der der spätere DFB-Präsident Hermann Neuberger als Vorsitzender des Saarländischen Fußballverbandes und Unterstützer des 1. FC Saarbrücken gehörte. Ludwig Franz (1. FC Nürnberg), Franz Kremer (1. FC Köln), Willi Hubner (Essen) und Walter Baresel (Norddeutscher Fußballverband) komplettierten den Rat der fünf Weisen. Um diesen fünf Herren alle manipulativen Freiheiten zu erhalten, hielt der DFB die Kriterien zunächst unter Verschluss!

Ursprünglich hieß es, dass vor allen Dingen sportliche Gesichtspunkte für die Qualifikation maßgebend seien. Neuberger wies irgendwann darauf hin, dass der wirtschaftlichen Lage der Vereine eine erhebliche Bedeutung zukommt. Die Stadien sollten über mindestens 35.000 Plätze und eine Flutlichtanlage verfügen; Saarbrückens Ludwigsparkstadion erfüllte diese beiden Kriterien zufälligerweise ganz genau.

Der DFB entschied sich zudem für ein „Derbyverbot“, erlaubte also pro Stadt nur einen Verein. Das führte zum Scheitern des FC Bayern, obwohl er in der Zwölfjahreswertung mit 288 Punkten weit vor dem TSV 1860 München mit 229 Punkten lag. Die Findungskommission begründete ihre Entscheidung mit der fehlenden sportlichen Vergangenheit des FC Bayern.

Der Faktor Tradition spielte allerdings nur eine Rolle, wenn es der Kommission in den Kram passte. Borussia Neunkirchen spielte von 1912 bis 1963 ununterbrochen erstklassig, musste aber hinter den 1. FC Saarbrücken zurücktreten. Noch heute ist man in Neunkirchen darüber empört, dass die Auswahlkriterien so zurechtgebogen wurden, dass Hermann Neuberger seinen 1. FC Saarbrücken in die Bundesliga hieven konnte und fragt sich, warum es die Zwölf- und nicht eine Zehn- oder Achtjahreswertung gab.

Die Erklärung ist einfach. Neubergers 1. FC Saarbrücken stand in der Saison 1951/52 (also genau zwölf Jahre vor Gründung der Bundesliga) letztmals in einem Endspiel um die Deutsche Meisterschaft. Das verschaffte dem FCS jene zehn Bonuspunkte, mit denen er sich in der Wertungstabelle am FK Pirmasens und an Borussia Neunkirchen vorbeischob. Dass es für die Teilnahme an der Endrunde 1962/63 keine Bonuspunkte gab, war ein zusätzlicher Nachteil für Neunkirchen, denn die Schwarz-Weißen qualifizierten sich als Südwestzweiter zwar für die Endrunde, ohne dass dieses relevant wurde.

Mathematik à la Fußballmafia DFB

Am 11. Januar 1963 erhielten der HSV, Werder Bremen, der 1. FC Nürnberg, Eintracht Frankfurt, der 1. FC Köln, Borussia Dortmund, Schalke 04, Hertha BSC Berlin und der 1. FC Saarbrücken (!) vorab die Nachricht, dass sie dazugehören. Auch der FC St. Pauli war damit wegen des Derby-Verbots aus dem Rennen. Merkwürdig daran war, dass sich alle Nominierungen aus der Zwölfjahreswertung ergaben – mit Ausnahme von Saarbrücken, das weit hinter dem 1. FC Kaiserslautern der Südwest-Wertung lag, wobei der FCK als zweiter Südwest-Verein die Qualifikation jedoch als Oberliga-Meister 1963 schaffte.

Am 6. Mai 1963 verkündete der DFB die restlichen Vereine der neuen Spielklasse, das waren neben Lautern der Karlsruher SC, VfB Stuttgart, 1860 München, Preußen Münster, Eintracht Braunschweig sowie der Meidericher SV.

Ermittlung der Bundesligisten/Zwölfjahreswertung

Oberliga West: 5 Plätze	
1. FC Köln	**466**
Borussia Dortmund	**440**
Schalke 04	**396**
Alemannia Aachen	*285*
Preußen Münster	**251**
Meidericher SV	**250**

Oberliga Süd: 5 Plätze	
1. FC Nürnberg	**447**
Eintracht Frankfurt	**420**
Karlsruher SC	**419**
VfB Stuttgart	**408**
Kickers Offenbach	*382*
Bayern München	288
1860 München	**229**

Oberliga Nord: 3 Plätze	
Hamburger SV	**518**
Werder Bremen	**396**
VfL Osnabrück	*313*
Hannover 96	309
St. Pauli	303
Holstein Kiel	294
Eintracht Braunschweig	**276**

Oberliga Südwest: 2 Plätze	
1. FC Kaiserslautern	**464**
1. FC Saarbrücken	**384**
FK Pirmasens	382
Borussia Neunkirchen	376

Stadtliga/Vertragsliga Berlin: 1 Platz	
Hertha BSC	**346**
Tasmania 1900	324

Kursiv: Trotz sportlicher Qualifikation nach dem Punkteschlüssel nicht aufgenommen
Fettdruck: Aufgenommen in die Erste Bundesliga

Die sportlichen Kriterien waren komplett ad absurdum geführt, denn in der Rangliste lagen der VfL Osnabrück, St. Pauli und Hannover 96 vor Eintracht Braunschweig. Braunschweigs Klubchef Kurt Hopert hatte offenbar hinter den Kulissen die Weichen für seine Eintracht gestellt. Die Hannoversche Allgemeine Zeitung vertritt die Auffassung, dass der VfL mangels bundesweiter Erfolge keine echte Möglichkeit hatte, zu Bundesligaehren zu kommen. Vielleicht klärt uns die HAZ irgendwann dahingehend auf, inwieweit Eintracht Braunschweig vor 1963 über relevante bundesweite Erfolge gegenüber dem VfL verfügte. Der BTSV nahm nur einmal (1957/58) an der Endrunde zur Deutschen Meisterschaft teil.

Ein Foulspiel nach dem anderen …

Der Ausschuss hielt noch ein völlig absurdes Kriterium parat: Alle Vereine, die in der Zwölfjahrestabelle nicht mehr als fünfzig Punkte auseinander lagen, wurden als sportlich gleichwertig betrachtet. In diesem Fall sei die Platzierung in der Oberligasaison 1962/63 ausschlaggebend für die Lizenzvergabe. Bezogen auf den VfL vertrat der DFB zusätzlich die Auffassung, dass Eintracht Braunschweig „wirtschaftlich stabiler" sei als der VfL. Für die Oberliga Südwest galt diese merkwürdige Regelung in der Abschlusstabelle 1962/63 offenbar nicht, denn vor dem 1. FC Saarbrücken (5.) rangierten Neunkirchen (2.), Pirmasens (3.) und Worms (4.).

Der VfL stand nicht allein da. Insgesamt legten 13 Vereine erfolglos beim DFB Beschwerde ein, Kickers Offenbach und Alemannia Aachen zogen sogar vor ein ordentliches Gericht, scheiterten jedoch. Womit eine finstere DFB-Geschichte ihr vorläufiges Ende fand.

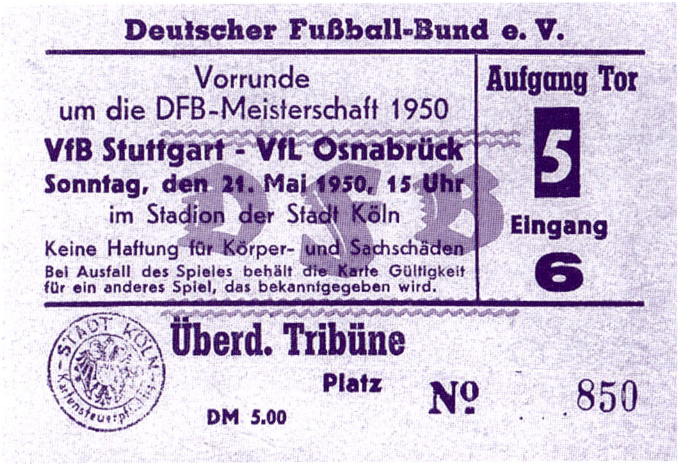

Woanders sind nur Doppelte

Heiko Schulze

Mein Vau-Eff-Ell!? Der Titel lässt mich abgrundtief verzweifeln. Denn Fußball kenne ich nur als Massenerlebnis. Es ist kollektiv und solidarisch. Vor meinen inneren Augen sehe ich es: Spannendes, aufregendes, langweiliges oder schiere Wut erzeugendes Geschehen im großen, wahrhaft ‚einmaligen' Rund der Bremer Brücke. Alles erlebt im absoluten Wir-Gefühl. Nach dem Motto „Wisst ihr noch, wir damals …". „Unser Vau-Eff-Ell!" eben. Aber ‚mein' VfL? Nee! Nicht wirklich, oder?

Ich könnte jetzt irgendwie großkotzig und langweilig ausführen, mit welcher lila-weißen Berühmtheit ich mal Augenblicke des Handabklatschens, kurze Floskeln oder sogar längere Gespräche verbracht habe. Von wem ich gar die Handynummer besitze. Oder mit wem ich irgendetwas und danach wie gemeinsam organisiert habe.

All dies wäre also ‚Mein', also der ganz individuelle ‚Heiko-Vau-Eff-Ell'. Na ja. Ich fürchte, ein Gähnen wäre die Folge. Mit Recht! Denn wirklich interessieren dürfte das weder die berühmte Sau noch einen toten Sheriff. Wie fange ich es also an, jenen waghalsigen Versuch, vom ‚Wir' trotzdem zum ‚Ich' zu gelangen? Alles natürlich nur, um am Ende trotzdem wieder im ‚Wir' zu landen, um allgemein verstanden zu werden. Vielleicht beginne ich deshalb mal mit kleinen Anekdoten, in denen ich jenes eigenartige ‚Wir' erlebt habe, das wir im Grunde weder sehen, tasten, riechen noch schmecken können.

Ein Album schmäht die Doppelten

Ob man es mir glaubt oder nicht: Am Ende führen solche Ausgangsfragen zu einem Papierbündel, dessen hohe Bedeutung mir im Grunde erst beim Schreiben dieser Zeilen klar geworden ist. Denn angefangen hat bei mir alles mit dem legendären Bergmann-Fußballalbum gegen Mitte der Sechzigerjahre …

Wie fange ich diese eigenartige Geschichte an?

Klar!

Zeitreise.

Schauplatz Ratsgymnasium: trister Flur vor dem Bio-Raum, irgendwie um 1966 herum.

„Ach, VfL … diese Pullen!", grölt einer aus meiner Klasse. Eine kleine Gruppe ist gerade dabei, bunte Spielerfotos für ein dickes

Bundesliga-Sammelalbum zu tauschen. Diese Bergmann-Publikation gilt als Qualitätsprodukt. Ich geselle mich also genervt dazu. Irgendjemand hat soeben voller Stolz seinen doppelten Lothar Emmerich gegen das Konterfei von Radi Radenković erstanden. Alle anderen haben nur noch Doppelte und erzeugen Sammlerfrust. VfL? Von dem gibt es natürlich weder Einzelstücke noch Doppelte. Denn die Lila-Weißen tauchen damals in keinem einzigen Sammelalbum auf. Sonst hätte man gerechterweise ja auch bunte Pappkärtchen der anderen Nord-Regionalligisten wie Barmbek Uhlenhorst, Sperber Hamburg oder Bremerhaven 93 unters Sammlervolk bringen müssen. Oder gar solche von Schweinfurt 05 aus der Regionalliga Süd. Und wer hätte schon Kärtchen aus der Regionalliga Berlin gesammelt mit dramatisch interessanten Abbildungen von den Reinickendorfer Füchsen?

Bei den Doppelten aus Bundesliga-Teams kann ich mitreden. Denn die besitze auch ich zur Genüge. Mir fehlt gerade Günter Sawitzki, wie ein Opa aussehender Keeper vom VfB Stuttgart, abgebildet mit riesiger Schirmmütze. Den hat aber keiner doppelt. Immer wieder diese beschissenen Doppelten, die kein Mensch tauschen will.

Die (noch) fremde Tristesse

Da diese Doppelten jetzt ausschließlich pure Langeweile produzieren, wird der VfL Osnabrück plötzlich aus reiner Verzweiflung zum Ersatzthema. Voller Häme unterhalten sich meine Tauschpartner über ein grandioses 0:9, das die Lila-Weißen soeben am Millerntor durch pausenlos treffende Paulianer eingefahren haben. Der VfL bestritt das winterlich anmutende Spiel allerdings gänzlich in tristem Weiß. Soweit ich mich entsinne, lief dieses Gruselspiel sogar abends in der Spätausgabe der Tagesschau. Natürlich kurz vor dem Bericht, der noch mehr schlechtes Wetter prophezeite. Von heute aus betrachtet: Das ganze Bild schien zu stimmen. Lila-Weiß mutete an wie die Tristesse schlechthin! Das blieb selbst mir nicht verborgen: Wenn ich zuweilen am späten Sonntagnachmittag gelangweilt aus dem Wohnzimmerfenster meiner Oma auf die die Alte Poststraße guckte, wurde diese Tristesse durch seltsam anmutende Menschen verkörpert: Ganze Heerscharen griesgrämig dreinschauender Gäste der Bremer Brücke, fast nur Männer, schlurften zu Fuß nach Hause oder, was wohl angebrachter war, in die nächste Kneipe. Offenbar hatten alle wieder einmal ein Drama der ganz besonderen Art erlebt. Sieger sehen jedenfalls anders aus.

Hinter dem Fenster höre ich noch heute meine Oma schwadronieren. Sie schwärmte von einem längst verblichenen Jüttgen Dallmeyer, von einem pausenlos Tore schießenden Walter Seeger oder einem gewissen Addi Vetter.

Omas eigene Vetter waren andere, denn die hatten, wie sie mir wortreich immer wieder erzählt, dereinst, und zwar vor dem Ersten Weltkrieg, bei den Olympen gekickt – einem Vorläufer des VfL. Ansonsten verstehe ich nur Bahnhof. Denn Fußball kenne ich ja nur vom Sammeln – und vom Ärger über die verfluchten Doppelten.

Mein Urspiel

Irgendwann ist es dann so weit: Papa fragt an einem Sommertag, ob ich mit zur Bremer Brücke will. Naja, ich habe eh nichts Besonderes vor. VfL-Gegner ist immerhin der Vorjahrsmeister Werder Bremen.

„Ist nur ein Freundschaftsspiel", erzählt mein Vater, dann zahlt er an der Kasse und wir werden dezent wie bescheiden weitergeschoben. Mit unverändert mürrisch wirkenden Zuschauern stakse ich über einen matschigen Weg hoch zu einer aus zusammengeschobenen Erdmassen bestehenden, ewig langen und ziemlich hohen Riesentreppe, die Ortskundige als Südgerade bezeichnen. Das Publikum im Rund ist überschaubar und wirkt auf den Stufen des Stehplatz-Stadions irgendwie verloren. Auf den ersten Blick vermute ich im VIVIL-Schriftzug auf den verschmutzten Werbebanden den Namen VfL, dabei ist, wie ich mich entsinne, VIVIL eine Pfefferminzmarke zum Lutschen und Runterschlucken und für wunderbar duftenden Atem. Nur wenige eingefleischte Besucher lassen zuweilen ein lautes *Vau-Eff-Ell!* ertönen. Lecker ist die weithin wohlriechende, soeben spendierte Bratwurst mit Senf und pappigem Brötchen.

Der VfL schlägt sich sogar ganz achtbar und verliert nur knapp mit 0:2. Mit Genugtuung stelle ich fest, dass die komplett lila aufgelaufenen Spieler ihre grün-weißen Gegner recht häufig stoppen, oft sogar umdribbeln können. Irgendwie merke ich aber, dass mich die beiden Werder-Tore mächtig geärgert haben. Ich wundere mich über mich selbst. Offenbar ist mir das Abschneiden der heimischen Elf nicht völlig egal … ein Tor für uns wäre doch wirklich verdient gewesen!

Mist aber auch! Dass das alles der Beginn einer Art Liebe ist, kommt mir an diesem Tag überhaupt nicht in den Sinn.

Und die Werder-Spieler? Die kenne ich merkwürdigerweise sogar besser als die vom VfL. Die Grün-Weißen habe ich nämlich vollständig in meinem Fußballalbum. Wann immer ich neue Tütchen mit Kicker-Bildern kaufe und gespannt öffne, sind die von Werder allesamt nur Doppelte, die ich enttäuscht wieder wegpacke. Null acht fünfzehn also.

Vom Niemandsland zum Himmelssturm

Details einer langen Geschichte erzeugen Langeweile. Ein Zeitraffer der Folgejahre ist darum besser: Ich werde also langsam Stammgast an der Brücke. Jahrelang dümpelt das Team im Niemandsland, kickt häufig vor nur 1.000 bis 3.000 Zuschauern, erringt aber immerhin jeweils siebte Plätze – bis ein Wunder geschieht. Und diese Wende nun aber mal in gemächlicher Zeitlupe: Man schreibt den Sommer 1968. Saisonauftakt.

Ich selbst habe mit wenig Sachkenntnis kurz vor der Saison noch auf drohenden Abstiegskampf getippt, als ich die vom unbekannten Jugoslawen Radoslaw Momirski trainierte Mannschaft mit Ach und Krach hauchdünn 2:1 beim Bezirksklasse-Club VfL Kloster Oesede gewinnen sehe.

Und der Gegner des heutigen Auftaktspiels heißt auch noch Göttingen 05, seines Zeichens amtierender Vizemeister der Regionalliga Nord. Als solcher war er immerhin Teilnehmer an der letzten Bundesliga-Aufstiegsrunde. Gewandet ist das Team in jenem, großen Respekt einflößendem Schwarz-Gelb, das ich bisher nur von den berühmten Dortmunder Borussen kenne.

Und dann? Ein Wunder geschieht! Acht Tore hauen die Lila-Weißen dem armen Göttinger Torwart Dube in die Maschen. Das Stadionvolk kommt aus dem Jubeln nicht mehr heraus. Und ich?

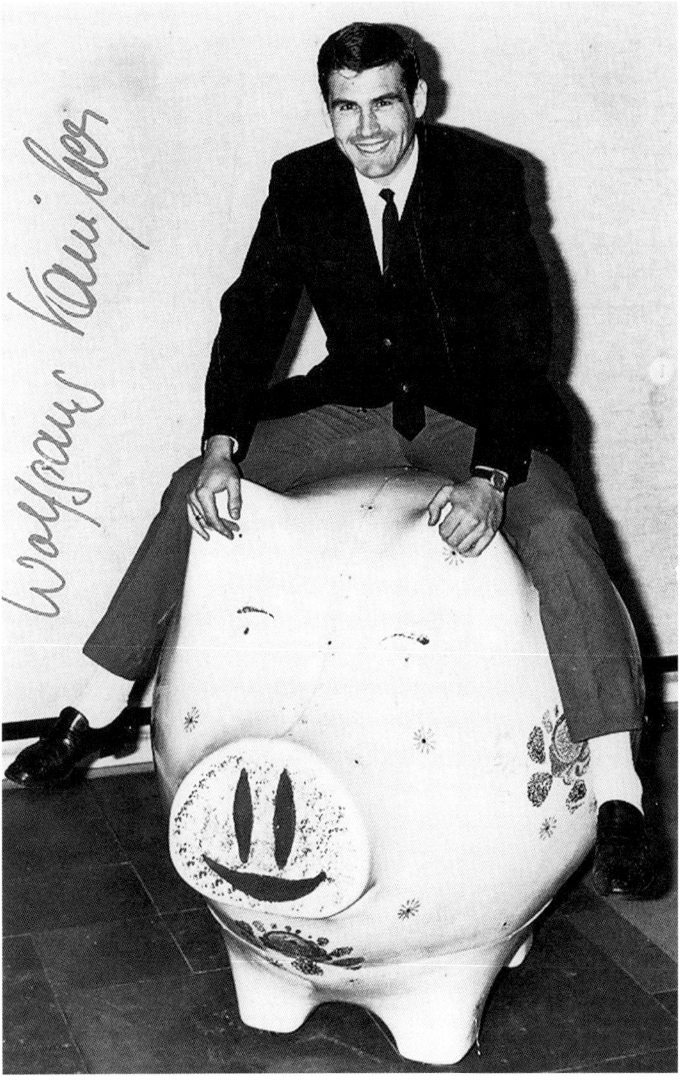

Autogrammkarte Wolfgang Kaniber, Saison 1968/69.

Ich denke bis heute: An jenem Tag wurde meine Liebe zum VfL endgültig erweckt. Doppelt, drei- und vierfach sind hier höchstens die Tore, die ein Wolfgang Kaniber am Fließband schießt.

Hier an der Bremer Brücke spielt eben nur ein einziges Original! Zu Hause klebe ich jeden Spielbericht fein säuberlich in ein selbstgefertigtes Album. Keines dieser vorgedruckten Sammelbücher von Bergmann für vorgestanzte Massenfotos. Mein Werk ist eines für mich selbst. Original eben!

Ein Verein – so, wie die Stadt eben!

Zeitlupe aus! Holen wir wieder den Zeitraffer hervor und stellen auf Stichwort-Modus: Siegesserien, Torrekorde, Helden wie Kaniber, Baumann, Mumme, Schröder oder Pflanzer Burose.

Am Ende jener goldenen Jahre notieren wir drei Nord- und zwei Vizemeisterschaften. Dadurch spielt der Verein gleich fünfmal in der Bundesliga-Aufstiegsrunde, ohne allerdings das damit verbundene Ziel auch nur ein einziges Mal zu erreichen.

Aber ist nicht auch das bis heute so typisch für den VfL? Immer wieder Traumstunden, aber nie die ganz großen Triumphe? Ähnlich wie die Stadt Osnabrück: Schrecklich nett und vielfältig, sympathisch, menschlich und ansehnlich. Aber niemals Weltstadt oder Anlaufstelle wahrer Touristenmassen. Dennoch ein Ort des Wohlfühlens, den zumindest ich niemals in diesem Leben mehr dauerhaft verlassen möchte. Der unperfekte VfL gehört dabei zum Erbgut.

Egal: Der Zuschauerschnitt der goldenen Spätsechziger- und Siebzigerjahre beträgt bis zu 15.000. Manchmal ist sogar volle Hütte mit über 30.000 Zuschauern angesagt. Weit größere Städte als Osnabrück können derartige Zahlen – im Verhältnis zur Einwohnerzahl – nirgendwo vorweisen. Zahllose Osnabrücker Stadiongäste erscheinen als wie blöd infizierte Fans. Zu jener Zeit firmieren sie noch zumeist als Schlachtenbummler. Auswärtsfahrten kommen auch in meiner Familie in Mode.

Der Virus hat auch meinen persönlichen Spieltrieb geweckt, ebenfalls wie vollkommen blöd: lila-weiß pinsele ich meine Tipp-Kick-Spieler an, hänge mir einen VfL-Wimpel über das Bett, auf dem Tonband meines Vaters produziere ich Livereportagen spannender Spielutopien und kritzle unablässig das VfL-Logo auf meine Ringbuchseiten, wann immer mir der Unterricht zu eintönig erscheint. Bei eher untalentierten Versuchen, selbst zu kicken, ahme ich lila-weiße Balltreter nach. Und wenn ich, was selten vorkommt, tatsächlich Tore schieße, bilde ich mir ein, daraus würde hinterher ein kurzer VfL-Kickerbericht entstehen. Hinter dem 2:0 und 3:0 würde dann, so mein Tagtraum, ein gewisser Heiko Schulze als Torschütze stehen.

Wann immer ich am Sonntagabend die Sportschau mit Ernst Huberty oder Addi Furler gucke, kommen zwar selten TV-Berichte, aber zumindest Spielergebnisse und Tabellenstände der zweitklassigen Regionalliga Nord. Dabei wird jedes Mal ein Begriff namens Osnabrück verlesen. Ich höre das irgendwie gern, obwohl ich mir seinerzeit wohl nie Gedanken über eine vermeintliche Heimatliebe gemacht habe. Aber auch diese Stadt ist, wie oben bereits erläutert, eben nicht doppelt vorhanden.

Und der VfL? Kurze Zeit später Gründungsmitglied der Zweiten Bundesliga. ‚Wir' und ‚ich' erleben prächtige, manchmal auch gruselige Spiele.

Liebe in der Tiefkühltruhe

Dann allerdings ereilen mich irgendwann auch jene unseligen Piepenbrock-Jahre, die meine Liebe für einige Zeit in einer Tiefkühltruhe deponieren. Eine Mannschaft, die mit dem Firmen-Logo des eigenen Präsidenten aufläuft, der nach Willkür Trainer und Spieler wechselt, dessen Name später sogar das Stadion tragen soll, dieses Team wird mir fremd. Ich besuche die Bremer Brücke nur noch selten, allenfalls die Spielergebnisse und Tabellenstände registriere ich Woche für Woche. Immerhin.

Sechs Jahre lang lebe ich berufsbedingt in Gelsenkirchen. Trotz unendlicher Lockungen und etlicher Freikarten-Angebote bringe ich es dort nie zum Schalke-Fan. Wehmut kommt auf. Als der VfL im Parkstadion spielt und dabei sogar 2:0 siegt, komme ich mir wie der Einzige im Umfeld vor, der aufsteht und nach dem Schlusspfiff beherzt jubelt. Meine Gelsenkirchener Umgebung ist entsetzt. Und ich habe 90 Minuten erfolgreich mein Heimweh kompensiert.

Dann geht es irgendwann zurück in diese Heimat. Den Abstieg in die Dritte Liga vernehme ich hauptsächlich aus der Zeitung.

Uwes Augen der Erweckung

Gelangweilt gebe ich in den frühen Neunzigern dann aber doch meinen kleinen Söhnen nach. Sie wollen mit mir unbedingt zum VfL! Triste Regionalliga Nord, Dritte Liga, Niemandsland. Schon wieder! Als ich in der Westkurve eifrig damit beschäftigt bin, meine Nachfahren mit Schokoriegeln zu versorgen, passiert es: Die wiedererweckte Liebe erwacht, als ich in zwei feucht aussehende Augen blicke. Sie gehören Keeper Uwe Brunn. Der wiederum starrt mit seinen geheimnisvollen Sehwerkzeugen vor allem die anrückenden Stürmer der gegnerischen Mannschaft an. Uwe guckt dabei so unsagbar traurig, dass ich höllische Wut auf jeden verfluchten Goalgetter bekomme, der es wagt, diesem melancholisch dreinschauenden Torwächter den Ball ins Netz zu pfeffern. Und dann dieses Fäuste-Recken unseres Schlussmanns – parallel zu den traurigen Augen! Alles Angesicht zu Angesicht mit den fiebernden Fans. Allein dieser Augenblick lohnt für mich jahrelang den Weg ins Stadion. Uwe schafft es, mit dieser unglaublichen Geste jedes Mal ziemlich erfolgreich, das gesamte Publikum für das Spiel zu hypnotisieren. Und mich erst!

Nebenher: Keine Angst, nach dem Spiel pflege ich mein für knapp zwei Stunden vernebeltes Gehirn durchaus wieder einzuschalten. Aber die beiden Stunden liebe ich einfach. Und warum? Eben: Sie sind immer wieder einmalig und niemals doppelt!

Und dann, nach endlosen Jahren, am 1. Juni 2000 jenes Erlebnis, das mich noch heute innerlich erschauern lässt: Elfmeterschießen gegen Union Berlin! Letzter Elfer! Uwe schaltet seine traurigen Augen dieses Mal ein, um selbst auf das gegnerische Gehäuse zu schießen. Und er trifft! Der VfL ist nach sieben Jahren der Provinz-Tristesse wieder in die Zweite Bundesliga aufgestiegen. Alle rennen ins Stadioninnere. Wildfremde fallen mir um den Hals, ich anderen. An ein Fußballalbum denke ich in dieser Situation zu keiner Sekunde. Zumal hier absolut kein doppelter Spieler herumirrt, sondern, in jeder Sekunde, ausschließlich Originale.

Einmalig statt doppeldeutig

Weitere Szenen aus 15 Folgejahren könnten leicht dieses ganze Buch füllen: Szenen mit lila-weißen Fahnen, dröhnend mitgesungener Vereinshymne, hochgehaltenen Schals, Wut oder Stirnrunzeln, der Chor *Wir sind die Osnabrücker*, mit dem ich mich plötzlich allein trällernd unter der eigenen Dusche erwische.

Und wirklich und ganz ehrlich: Das Publikum ist meiner Seele durchgängig näher als alle Kicker, die hier nur einen Zwischenstopp eingelegt haben. Denn ich weiß ja: Legionäre gehen, Fans bleiben. Klar: Mitten dazwischen ereignet sich zuweilen ein internes Vereinsgeschehen, das manchmal wütend macht, mir graue Haare ins Haupthaar treibt und vor allem meinen Bart weißelt.

Niemals verkraftet habe ich das Ende meiner alten Nord, in der ich Jahrzehnte gestanden, vertraute Leute gefunden und Höhen wie Tiefen erlebt habe. Seither irre ich etwas unbeheimatet umher – doch die Hoffnung, irgendwann wieder in irgendeinem Winkel heimisch zu werden, stirbt zuletzt.

Die Chronik verzeichnet bis heute trotzdem jubelnde Aufstiege, tieftraurige Abstiege, vor allem das beständige Zittern mit der ewigen Frage: Warum tue ich mir das eigentlich alles an? Es muss schon Liebe sein … oder?

Vielleicht auch etwas, dessen Bezeichnung noch gar nicht erfunden wurde? Dabei geht es immerhin, das weiß ich bestimmt, um etwas Einmaliges und überhaupt nichts Doppeltes. Fragen über Fragen also, die irgendwann auf eine Antwort warten. Was soll ich also bis dahin tun? Ich benutze einfach weiter jene niemals doppeldeutige Wendung, die ich anfangs unbedingt vermeiden wollte: ‚Unser' Verein ist eben auch ‚mein' ganz persönlicher Vau-Eff-Ell!

Vier Geschichten aus dem Mittelalter und der frühen Neuzeit

Lars Mosel

Der Schuh des Manitu

Es ist die Saison 1990/1991, der VfL befindet sich in der sechsten Saison in Folge in der Zweiten Liga und seit Ende der Saison bin ich im Besitz des linken Schuhs vom damals größten Star des VfL Osnabrück, namentlich Pele Wollitz.

Wie es dazu kam:

Der VfL hatte ein schlechtes Jahr hinter sich, das in der Spielzeit 89/90 auf einem mäßigen 15. Platz beendet wurde, und mit Roland Koch einen Trainer, der hauptsächlich als Co-Trainer bekannt wurde. Aber auch die Saison 1990/1991 lief nicht gut und trotz des Trainerwechsels zu Rolf Grünther stand der VfL drei Spieltage vor Saisonende auf dem 17. Tabellenplatz, der den Abstieg bedeutet hätte. Dann aber erwachte der VfL und bezwang Braunschweig und siegte an der Bremer Brücke mit 2:0, wobei Pele Wollitz in der 69. Minute das erlösende 1:0 mit dem linken Fuß erzielte.

Eine Woche später dann das wohl entscheidende Spiel, wieder an der Brücke, gegen einen der Hauptkonkurrenten um den Abstiegsplatz: den SV Meppen. Durch einen Sieg könnte der VfL zum emsländischen Konkurrenten aufschließen. Ein Sieg war allerdings Pflicht, um noch eine realistische Chance auf die Rettung zu haben. Vor 15.000 Zuschauern entwickelte sich von Beginn an ein dramatisches Spiel, bei dem der SV Meppen in der 6. Minute das 1:0 erzielte und Pele Wollitz direkt in der 9. Minute ausgleichen konnte. Nachdem Meppen in der 32. Minute mit 2:1 in Führung ging und unser Libero Dirk Lellek in der 67. Minute ausgleichen konnte, lief alles auf ein Unentschieden hinaus. Meppen wäre aufgrund des deutlich besseren Torverhältnisses uneinholbar und nur noch Darmstadt in der Verlosung um den Abstiegsplatz dabei gewesen.

Dann aber die letzte Minute: Der VfL erhält einen Freistoß zugesprochen und Pele Wollitz versenkt die letzte Standardsituation des Spiels mit seinem unglaublichen linken Fuß im Winkel des Meppener Tores zum 3:2. An dieses Tor und den darauffolgenden Jubel mit bebender Bremer Brücke können sich viele ältere Fans noch gut erinnern.

Ausgangssituation vor dem letzten Spiel:

(2 -Punkte-Regel: Sieg 2 Punkte, Unentschieden 1 Punkt)

13. Eintracht Braunschweig 34:40 Punkte 53:52 Tore
14. RW Essen 34:40 Punkte 49:49 Tore
15. SV Darmstadt 98 33:41 Punkte 46:53 Tore
16. SV Meppen 33:41 Punkte 34:41 Tore
17. VfL Osnabrück 33:41 Punkte 46:54 Tore

Und was ist mit dem Schuh? Das kommt dann jetzt!

Der VfL musste am letzten Spieltag zum bereits abgestiegenen TSV Havelse. Havelse ist übrigens ein Stadtteil von Garbsen in der Region Hannover und hat 2.700 Einwohner. Dem Anlass und der Wichtigkeit entsprechend machten sich ein paar Tausend Osnabrücker in Richtung Osten auf. Dort angekommen erwartete uns ein Dorfsportplatz, auf dem allerdings eine provisorische Stahltribüne für die Osnabrücker Fans aufgebaut worden war. Mitten in dieser Kurve befand sich ein riesiger Baum, um den die Konstruktion herumgebaut werden musste. Bei aller Anspannung war die Vorfreude groß: Die letzten drei Spiele gewonnen, der Gegner bereits abgeschlagen und ein großer Konkurrent (SV Darmstadt 98) musste beim Tabellenführer Schalke 04 antreten.

Die Geschichte des Spiels ist schnell erzählt: Der TSV hatte sich dazu entschieden, vor 4.000 anwesenden Zuschauern keine wirkliche Abwehr aufzustellen und folgerichtig führte der VfL bereits nach 43 Minuten durch Tore von Fred Klaus (2x) und Pele Wollitz (2x) mit 4:0.

Was dann folgte, war Party pur! Die zweite Halbzeit verkam zur Nebensache, da sich auch die wenigen anwesenden Havelse Fans entschlossen, an der Party teilzunehmen. Das 1:4 und dann der Treffer zum Endstand von 1:5 (Igler) wurden eher beiläufig zur Kenntnis genommen, beeinflussten die Stimmung aber kaum. Nach Schlusspfiff und der Bestätigung der anderen Resultate übers Radio kannte der Jubel keine Grenzen mehr. Darmstadt 98 stieg durch eine 0:1-Niederlage auf Schalke ab!

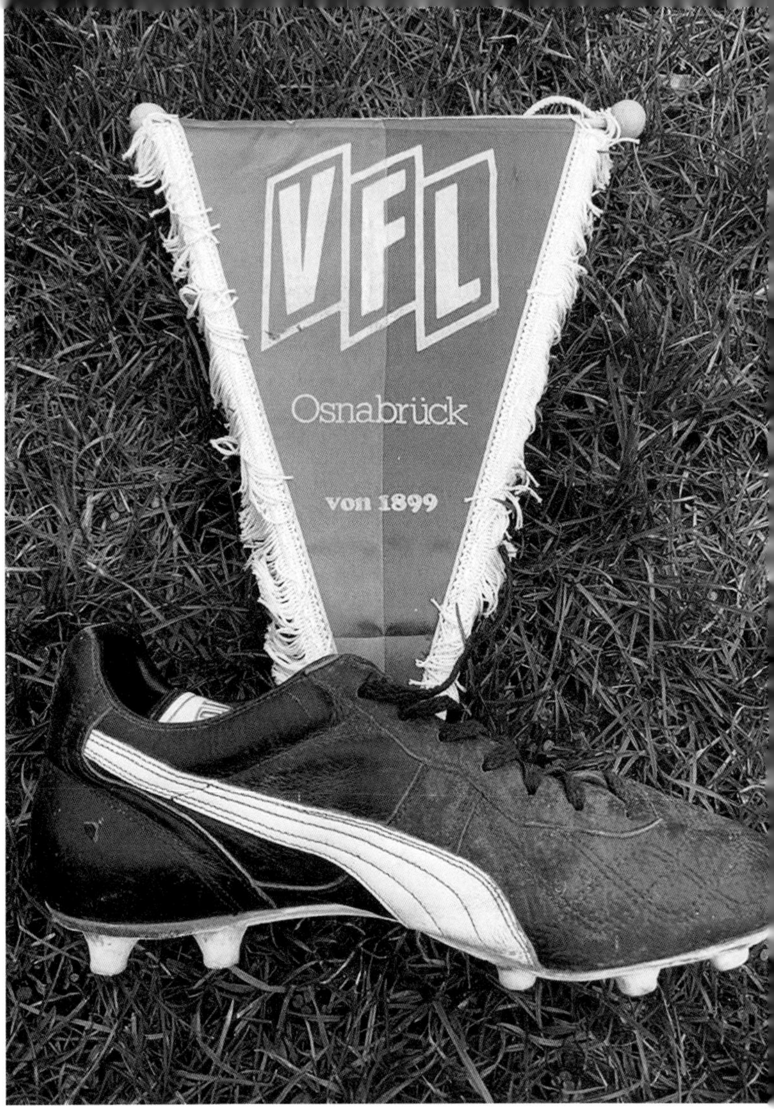

In absolut friedlicher Atmosphäre feierten Fans beider Lager gemeinsam und sogar die gegnerische Mannschaft beteiligte sich an der Ehrenrunde.

Inmitten dieser Feierlichkeiten warf unser „Held“ Pele Wollitz, der in den letzten drei Spielen fünf wichtige Tore mit Links erzielt hatte, eben diesen linken Schuh in die Menge. Als hätte es so sein sollen, konnte ich ihn zwischen hunderten Osnabrücker Konkurrenten ergattern und versteckte ihn unmittelbar danach unter meinem Trikot. Sekunden später lag ein Dutzend Fans auf mir, die offensichtlich diesen Schlappen auch gerne gehabt hätten. Als ich schließlich glaubhaft versichern konnte, den Schuh gar nicht zu besitzen, wurde ich freigelassen. Erst im sicheren Auto angekommen, durfte der Heldenschuh seinen Ort unter meinem Trikot verlassen und steht seitdem als Erinnerung an eine denkwürdige Saison und einen grandiosen Endspurt mit dem Highlight in Havelse als Erinnerung im Schrank.

Ich habe viel mit dem VfL erlebt, das Auswärtsspiel in Havelse und der Sieg im vorletzten Spiel gegen den SV Meppen werden allerdings immer in Erinnerung bleiben!

Irgendetwas stimmt hier nicht

Wir schreiben die Saison 2008/2009. Der VfL Osnabrück rettete in der Vorsaison durch ein fulminantes 3:0 am letzten Spieltag gegen Kickers Offenbach den Klassenerhalt und entwickelte eine ungewohnte Energie in der Stadtbevölkerung und im Umfeld. Cheftrainer Pele Wollitz hatte in unnachahmlicher Weise gefordert, dass jeder Osnabrücker sich hinter den Verein stellen solle. Dieses gelang und nach erfolgtem Klassenerhalt war das Osnabrücker Umfeld ungewohnt euphorisch. Es entwickelte sich etwas beim VfL! Anstelle der alten und nicht mehr zeitgemäßen Stehplatzgeraden Nord wurde die neue Sitzplatztribüne Nord am 22. August 2008 im Heimspiel gegen den SC Freiburg eingeweiht. Diese Tribüne war „alternativlos", wenn der VfL sich im Profifußball etablieren wollte. Sie war aber auch teuer und von Anfang an stand fest, dass sie sich nur bei hoher Auslastung sicher finanzieren ließe. Ein Abstieg hätte fatale Folgen.

Aber was sollte passieren? Die Euphorie war da, eine tolle neue Tribüne auch, die deutlich höhere Erträge versprach und sicherlich auch deutlich schicker war als die alte Tribüne (die allerdings auch sehr viel Charme besaß).

Die Hinserie wurde dann auch problemlos gespielt und mit fünf Punkten Vorsprung auf den Relegationsrang beendet. In der Rückserie kam dann allerdings recht schnell das Gefühl auf, dass etwas nicht stimmt. Nicht nur die Ergebnisse ließen zu wünschen übrig (ein Punkt aus vier Spielen), sondern auch die Körpersprache und die Einstellung einiger Spieler. Zweifel an der Mannschaft kamen auf, was sich allerdings aufgrund der noch nicht vorhandenen Social-Media-Kanäle eher im eigenen Kopf oder in Gesprächen mit Freunden widerspiegelte. Die Rückrunde plätscherte so dahin und jegliche Euphorie verflachte. Das Gefühl, dass irgendetwas nicht stimmte, verfestigte sich. Einzelne Spieler zeigten sehr inkonstante und unerklärliche Leistungsschwankungen.

Bemerkenswertes spielte sich dann um die entscheidenden letzten Spiele der regulären Saison ab. Im vorletzten Spiel gegen Rot-Weiß Ahlen (2:2 nach zweimaliger Führung) spielte der etatmäßige Innenverteidiger Marcel Schuon durch und schwach. Montags beim Training holte Pele die Mannschaft zusammen und faltete eben diesen Marcel Schuon in seiner unnachahmlichen Art und Polemik zusammen und Marcel Schuon durfte fortan in dem Training nur noch Runden laufen.

Wie gesagt, irgendetwas stimmte nicht, wovon ich mich beim Training überzeugen konnte.

Zum letzten Spieltag in Duisburg fuhr ich dann entgegen jeglicher Gewohnheit alleine. Ich wollte dort niemanden sehen oder sprechen. Eine An- und Abfahrt mit Gesprächen kam für mich ebenso nicht in Frage. Wie erwartet, stand Marcel Schuon nicht in der Startelf und spielte keine Sekunde. Jegliche Hoffnung auf den noch möglichen Sprung vom Relegationsrang vernichtete die Mannschaft allerdings durch eine extrem schlechte Leistung, bei der zwar die Konkurrenz ergebnistechnisch mitspielte, der VfL allerdings chancenlos mit 1:4 verlor. Kein Aufbäumen, keine Aggressivität, dafür aber jede Menge Frust und Häme in der zahlreich mitgefahrenen Anhängerschaft.

Nun also Relegation gegen den Drittligisten Paderborn! Zum Hinspiel in Paderborn fuhr ich wiederum alleine, da ich diese Saison mit mir selbst ausmachen musste. Angekommen auf dem riesigen Parkplatz vor dem wohl hässlichsten Stadion Deutschlands merkte ich schnell, dass eine seltsame Stimmung herrschte. Zuversicht ja, da wir der Zweitligist waren, allerdings auch viele unbeteiligt wirkende Menschen. Und dann: Schuon war völlig überraschend wieder da. Zumindest körperlich. Ungläubiges Staunen unter den mitgereisten Fans und eine Nichtleistung eines Spielers, wie ich sie noch nicht gesehen habe. Da war ein Geist auf dem Platz! Der VfL spielte zwar schwach, hielt aber trotz etlicher Paderborner Torchancen lange das 0:0 und kassierte erst in der 78. Minute durch den eingewechselten Frank Löning das längst überfällige 1:0. Frust und kollektives Kopfschütteln machte sich auf der Osnabrücker Fanseite breit, aber irgendwie wurde es auch einfach so hingenommen, da dieses Spiel die logische Fortsetzung der letzten Spiele war.

Im Rückspiel ist aber noch alles drin, versuchte ich mir krampfhaft und mantraartig einzureden. Schließlich hatten wir nur 1:0 verloren und dennoch schwand die Hoffnung von Minute zu Minute. Schuon stand nicht in der Startelf. Der VfL gab sich alle Mühe, den schlechten Eindruck aus dem Hinspiel zu bestätigen und hatte ohne wirkliche Gegenwehr viel Glück, dass Paderborn nicht schon die Spannung aus der Relegation genommen hatte. Zu Beginn der zweiten Halbzeit dann aber plötzlich Hoffnung! Schiedsrichter Brych pfiff überraschend einen Elfmeter für uns. Wenn dieser Ball ins Tor geht, dann kann noch einmal alles gut gehen. Der sichere Elfmeterschütze, Stammspieler und Kapitän Thomas Cichon würde ihn schon machen, auch wenn er die letzten Wochen sehr schlecht gespielt hatte. Und dann? Cichon schießt den Elfmeter so schwach, dass der gegnerische Torwart keine Mühe hat, den Ball zu halten, Löning schießt in der 63. Minute das 1:0 für Paderborn und der VfL steigt ohne jegliche Gegenwehr ab. Irgendetwas stimmte hier doch nicht!

Ungläubig und frustriert verließen die Fans das Stadion und ein weiterer Tiefpunkt in der Geschichte des VfL war erreicht. Ein Abstieg aus der Zweiten Liga ist schon schlimm genug, das hatte ich aber schon mehrfach erlebt. Dieses Mal war er aber besonders schlimm, da vor der Saison die berechtigte Hoffnung bestand, sich wieder in der Liga zu etablieren. Aus finanzieller Sicht war klar, dass die geschätzten fünf Millionen Euro Verlust in der Dritten Liga ein Problem werden können.

Und dann kam ein weiterer Schock: Die maßgeblich am Abstieg beteiligten Spieler Marcel Schuon und Thomas Cichon standen im Verdacht, Spiele verschoben zu haben, was viele Monate später in einem langwierigen Gerichtsverfahren bestätigt wurde. Der mit in den Strudel der Verdächtigungen geratene Thomas Reichenberger war unschuldig und wurde rehabilitiert. Marcel Schuon und Thomas Cichon bestreiten, bei den erwähnten Spielen manipuliert zu haben. Auch ohne Beweis kann man aber davon ausgehen, dass das Gefühl, irgendetwas stimme nicht, begründet war. Zumindest der Kopf war bei den Spielern und in der Mannschaft nicht frei …

Ein VfL-typisches Saisonfinale und eine bemerkenswerte Zugfahrt

Wir schreiben die Saison 1998/99, der VfL spielt in der dritthöchsten Spielklasse (Regionalliga Nord) und unternimmt nach fünf erfolglosen Versuchen einen erneuten Anlauf, um endlich den lang ersehnten Wiederaufstieg in die Zweite Bundeliga zu schaffen. Die Saison 97/98 hatte mit einem guten dritten Platz geendet, was aber nicht darüber hinwegtäuschen sollte, dass man 16 Punkte hinter dem zweiten Platz lag und keinerlei Chancen auf den Aufstieg besaß.

In der neuen Saison lief es deutlich besser, sodass sich bereits Wochen vor dem Saisonfinale herauskristallisierte, dass es auf einen Zweikampf zwischen dem VfB Lübeck und dem VfL Osnabrück hinauslaufen würde. Ein starker Zwischensprint des VfL mit fünf Siegen in Folge zwischen dem 23. und 27. Spieltag sollte der Mannschaft helfen, den Vorsprung in der Tabelle über die Runden zu bringen.

Doch wie jeder VfL-Fan weiß, kommt es meistens anders, als man denkt. Am vorletzten Spieltag dann der Showdown an der Lübecker Lohmühle. Der VfL belegte vor dem Spiel den ersten Platz mit 72 Punkten und der VfB Lübeck war Zweiter mit 70 Punkten. Die Ausgangslage war klar. Mit einem Auswärtssieg könnte der VfL Osnabrück die Tickets für die damals noch erforderlichen Aufstiegsrunden drucken lassen. Bei einem Unentschieden wäre die Mannschaft fast durch, da niemand am Sieg im letzten Spiel gegen die Arminia aus Hannover zweifelte, die sich auf einem schwachen 13. Platz befand. Dementsprechend groß war die Euphorie in Osnabrück, sehnte man sich doch danach, als langjähriger Zweitligist endlich die Rückkehr in die gefühlte Heimat zu schaffen.

Für damalige Zeiten völlig ungewöhnlich machten sich tausende Osnabrücker mit einem Sonderzug auf nach Lübeck. Nicht, dass sich tausende Osnabrücker auf den Weg machten, war daran ungewöhnlich, sondern, dass die Fahrt mit einem Sonderzug unternommen werden konnte.

Dementsprechend gespannt zogen wir morgens zum Hauptbahnhof Osnabrück. Die großartige, aber auch relativ ruhige Stimmung im Zug wurde immer wieder von Schlachtrufen begleitet, sobald Häuser oder mal ein Bahnhof in der Nähe waren. Besonders in Erinnerung geblieben ist mir ein etwa halbstündiger Stopp in Hamburg- Harburg. Die anwesenden Bahnkunden staunten nicht schlecht, da die Schlachtrufe der Lila-Weißen eine unglaubliche Lautstärke erzeugten, während hunderte Fans die wenigen Toiletten in Rekordzeit aufsuchten. Nach diesem unvergessenen Zwischenstopp ging es weiter nach Lübeck, wo uns offensichtlich pro Person ein Polizist zugeteilt worden war, die uns sofort zu Transitbussen geleiteten, mit denen es zur Lohmühle ging.

Im Stadion angekommen, erwartete uns eine großartige Stimmung, vor allem aufgrund der zahlreich mitgereisten Gästefans in der mit 18.000 Zuschauern prächtig gefüllten Lohmühle. Das Spiel lebte allerdings mehr von der Spannung als vom berauschenden Fußball und alles lief auf ein 0:0 hinaus, das dem VfL deutlich mehr geholfen hätte als den Lübeckern. Dann aber, wie aus dem Nichts, rutschte dem ansonsten starken Torhüter Uwe Brunn ein Schuss, der eher ein Rückpass von Dirk Bremser war, durch die Beine zum umjubelten 1:0 für den VfB. Umjubelt selbstverständlich nur vom heimischen Anhang. Beim VfL-Anhang machte sich Verzweiflung breit, die stetig größer wurde, da der Ausgleich auch nicht mehr fallen wollte. Die Rückfahrt mit dem Sonderzug hätte dementsprechend auch nicht frustrierender oder ruhiger verlaufen können. Es war einfach nur still im Zug mit einigen aggressiven Momenten, zum Beispiel ging eine Scheibe zu Bruch.

Eine Woche später sah durch diese unglückliche Niederlage also alles danach aus, dass der VfL den Aufstieg verspielt hatte, lagen doch die Lübecker nun einen Punkt vor dem VfL und mussten nur noch gegen die KSV Holstein Kiel gewinnen, die auf einem schwachen 14. Platz lagen. Dass sich dann ganze 7.500 Anhänger auf den Weg ins Stadion zum Spiel gegen Arminia Hannover aufmachten, ließ die Stimmung auch nicht besser werden.

Dass der Kieler Trainer Michael Lorkowski im Interview vor dem Spiel sagte, er sei sicher, die Lübecker zu schlagen, weckte immerhin ein Fünkchen Hoffnung. Und dann passierte in der ersten Halbzeit einfach nichts. Weder an der Bremer Brücke, noch in Kiel

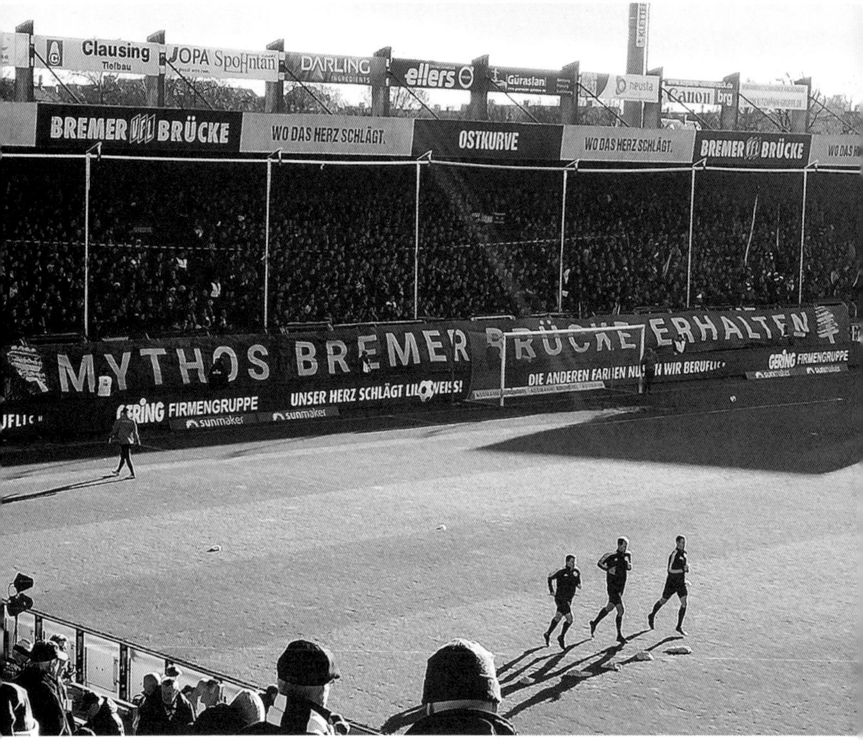

Ultras fordern den Erhalt der Bremer Brücke, 2019.

fiel ein Tor und die Zuschauer verfolgten die Geschehnisse im hohen Norden über mitgebrachte Transistorradios. Wahrscheinlich rechnete zu diesem Zeitpunkt niemand damit, welche spektakuläre Wendungen die zweite Halbzeit bringen sollte.

Erst passierte wieder nichts, doch in der 59. Minute brachte der Kieler Mike Göbel die Kieler tatsächlich in Front. Wie ein Orkan verbreitete sich die Nachricht durchs Stadion und die Mannschaft wurde durch die Fans nach vorne gepeitscht, da zu diesem Zeitpunkt eben noch das eigene Tor fehlte. Dieses fiel dann in der 75. Minute durch Wolfgang Schütte, der eigentlich eher die zerstörerische Rolle auf der Sechs bekleidete, in diesem Falle aber die Tür zur Aufstiegsrunde aufmachte. Eigentlich also alles klar, bis in Kiel in der 89. Minute Dirk Bremser (wir erinnern uns) den Ausgleich erzielte. In Osnabrück begann das Zittern wieder, wurde durch den erneuten Torschrei aus Kiel im Mark erschüttert und erst danach machte sich Erleichterung breit, da Frank Wolf für den KSV in der Nachspielzeit zum 2:1 getroffen hatte und der VfL somit als Meister der Regionalliga Nord 98/99 feststand. Am Ende alles super? Leider nicht!

In der Qualifikationsrunde eins konnte Chemnitz vor über 20.000 Zuschauern an der Bremer Brücke zwar mit 1:0 geschlagen werden, aber das Rückspiel ging leider mit 0:2 verloren. In der Saison gab es allerdings noch einmal eine Qualifikationsrunde zwei, an der mit Eintracht Trier und Kickers Offenbach ein weiterer Aufsteiger in einer „einfachen" Runde ausgespielt wurde. Auch hier wieder große Hoffnung nach dem ersten Spiel. In Trier wurde mit 3:2 gewonnen und wieder stand ein Endspiel an.

Vor wiederum starker Kulisse mit 18.000 Osnabrückern im Rücken konnte der VfL in der 20. Minute durch Christian Claaßen in Führung gehen und wäre aufgestiegen. In der 51. Minute fingen sich die Lila-Weißen allerdings ein vermeidbares Gegentor durch Dirk Vollmar. Da die Offenbacher gegen Trier mit 2:0 gewonnen hatten, benötigte der VfL nun noch ein Tor.

Leider fiel dieses dann in der 90. Minute durch Oliver Roth auf der falschen Seite und alle Hoffnungen in diesem letzten aller Endspiele waren dahin …

Wieder einmal ein tragisches Ende einer spektakulären Saison. Glücklicherweise dominierte der VfL dann die folgende Saison, belegte nur am ersten Spieltag nicht den ersten Platz und stieg vollkommen verdient in einem absolut dramatischen Aufstiegsspiel gegen Union Berlin im Elfmeterschießen auf, wobei der tragische Held aus Lübeck, Keeper Uwe Brunn, den letzten Elfmeter im Tor versenkte und sich der Kreis zum unglücklichen Nichtaufstieg der Saison 98/99 schloss.

Dass auch noch der Trainer der Kieler Störche Michael Lorkowski das Traineramt beim VfL Osnabrück nach dem Aufstieg übernahm, ist eher eine Randnotiz wert, rundet das Bild des gescheiterten Aufstiegsversuchs aber ab.

Ist der VfL Osnabrück heimisch in der Zweiten Bundesliga oder ist der Verein ein typischer Drittligist?

Ganz so einfach lässt sich diese Frage nicht beantworten. Je nachdem, welcher Zeitraum betrachtet wird, könnte die Antwort anders ausfallen.

Ich bin im Jahr 1975 geboren und habe komplett unterschiedliche Zeiten erlebt. Seit 1982 gehe ich regelmäßig ins Stadion und habe unzählige Spiele auswärts und an der Bremer Brücke gesehen.

Mein erster Sohn David erblickte im Jahr 2000 das Licht der Welt und wurde natürlich von mir schon frühzeitig mit ins Stadion geschleppt und durfte die Spiele des VfL im Fernsehen verfolgen. Er hat mittlerweile neben den Heimspielen auf der Ost (Dauerkarte obligatorisch) auch etliche Auswärtsfahrten hinter sich gebracht. Auch mein zweiter Sohn Noah (geboren 2003) ist natürlich immer dabei.

Zurück zur Ausgangsfrage: Betrachtet man mein Leben, so kommt man zu einer vollkommen anderen Bewertung als zu einem späteren Zeitpunkt, denn ich bin sozusagen in der Zweiten Liga aufgewachsen. Von den ersten 18 Jahren meines Lebens war der VfL Osnabrück 17 Jahre lang zweitklassig. Mit Ausnahme der Saison 83/84 war der VfL Dauergast in der Zweiten Liga und belegte immer einen der vordersten Plätze in der ewigen Tabelle der Zweiten Liga. Nach dem Erreichen der Volljährigkeit drehte sich dann leider das Bild. Der VfL stieg 1993 in die Drittklassigkeit ab und schaffte den Wiederaufstieg erst im Jahr 2000 nach sieben harten Jahren in der Regionalliga Nord. Dennoch kann man durchaus von einem Traditionsverein der Zweiten Liga reden, da 652 Spiele in den 17 Jahren in der Zweiten Liga absolviert wurden und der Verein in der ewigen Tabelle im Jahr 2000 auf Platz acht stand.

Ab dem Jahr 2000 (wir erinnern uns: Geburt meines ersten Sohnes) ging es einige Jahre turbulent zu. Dem erwähnten Aufstieg in Liga Zwei im Jahr 2000 folgte der sofortige Abstieg, bevor man nach zwei Jahren wieder in der Zweiten Liga auftauchte. Auch hier folgte nach dem Jahr in der Zweiten Liga 03/04 allerdings wieder der direkte Abstieg, dem diesmal drei lange Jahre in der Regionalliga Nord folgen sollten. In den Jahren 2007 bis 2011 (außer Saison 09/10) konnte der VfL dann noch einmal Zweitligaluft

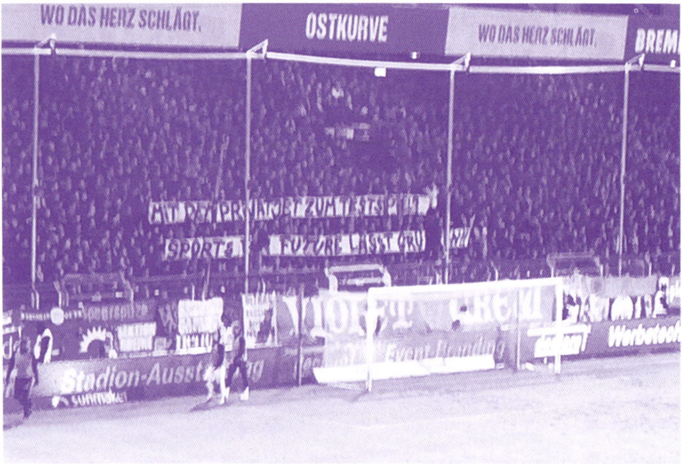

Die Violet Crew weist in der Ostkurve auf Missstände hin, Februar 2020.

schnuppern, bevor acht Jahre in der Dritten Liga dem Verein und den Zuschauern zusetzten. Mehrere Skandale und finanzielle Probleme in der wenig lukrativen Liga ließen die Befürchtungen reifen, der VfL könne ewiger Drittligist werden oder noch tiefer abstürzen.

In der Saison 18/19 dann aber die überraschende Wende mit einem unglaublichen Aufstieg in die Zweite Liga, in der sich der VfL auch in der kommenden Saison befand. Sieht man sich also die Ligazugehörigkeit an, seit mein älterer Sohn geboren wurde, ist der VfL wohl eher ein klarer Drittligist. Von 20 Jahren war der VfL insgesamt 14 Jahre drittklassig und befindet sich jetzt im siebenten Jahr in der Zweiten Bundesliga. Durch die lange Drittligazugehörigkeit kann der VfL Osnabrück sogar in der Dritten Liga den zweiten Platz in der ewigen Tabelle behaupten und hat zurzeit nur den SV Wehen Wiesbaden vor sich. Diesen ersten Platz zurückzuerobern ist allerdings auch nicht das Ziel des Vereins, der sich gerne wieder in der Zweiten Bundesliga etablieren möchte.

Leider legte unser VfL eine unglaubliche Schwächephase im Jahr 2021 hin, brach einen Negativrekord nach dem anderen und schaffte es tatsächlich, den erneuten Abstieg zu realisieren. Stand die Mannschaft am 3. Januar 2021 (14. Spieltag) noch auf dem 8. Platz mit 22 Punkten und einer Tordifferenz von +- 0, so waren es dann am 31. Spieltag am 25. April 2021 insgesamt 27 Punkte und das Team stand auf dem vorletzten Tabellenplatz. Sage und schreibe fünf Punkte konnten in 17 Spielen ergattert werden und das Torverhältnis verschlechterte sich um 25 Tore. Trotz eines späten Aufbäumens und des Erreichens der Relegation stieg die Mannschaft letztendlich komplett verdient ab. Einem desaströsen 0:3 in Ingolstadt folgte ein deutlich leidenschaftlicheres Rückspiel, bei dem auch ein 3:1-Erfolg nicht mehr reichte.

Damit ist wieder einmal ein Neuanfang notwendig, der aufgrund der angespannten finanziellen und sportlichen Situation auch nach der Corona-Krise nicht leicht werden wird. Es wäre schön, wenn meine Söhne später ihren Nachkommen erzählen könnten, die meiste Zeit wäre der VfL in der Zweiten Bundeliga gewesen. Ich kann das erzählen, bei ihnen fehlen aber ein paar Jahre. Wir alle können aber auf jeden Fall erzählen, dass wir etliche Aufstiege und auch Abstiege erleben durften, beziehungsweise mussten. Vor allem aber werden wir wohl auf lange Zeit Rekordrelegationsverlierer sein. Gemeinsam mussten wir die vierte Niederlage in diesen wichtigen Spielen erleben … aber was soll's? Aufsteigen mach eh mehr Spaß.

Zum Abschied von Joe Enochs

Kalla Wefel

Lieber Joe,

es gibt viele Fußballspieler, die einen ausgeprägten Genieverdacht gegen sich selbst hegen und meinen, ständig die Dankbarkeit der Fans einfordern zu müssen. Was dich in meinen Augen besonders sympathisch macht, ist, dass du dich stets dankbar gegenüber den Fans, dem Verein und dieser Stadt gezeigt hast. Und du hast dabei nie die Bodenhaftung verloren, was man von deinen zahlreichen Gegenspielern wahrlich nur sehr selten behaupten konnte. Bodenhaftung und Bodenständigkeit machten dich nicht nur zum Rekordspieler des VfL, sondern praktisch auch zum personifizierten Gegenteil von Wandervögeln wie Ansgar Brinkmann, der aber leider auch sympathisch ist.

Wir beide haben uns ja erst in den letzten Jahren persönlich kennengelernt, du bei mir als Gast auf der Bühne in der Lagerhalle und ich bei dir als Gast vor dem Tresen in deiner *Sportsbar*.

Viel ist heute schon gesagt worden, zum Beispiel dass du 2004 Tor des Monats warst und 2001 dein letztes Spiel für die amerikanische Nationalmannschaft gemacht hast, doch einiges wurde verschwiegen.

Statt langer Reden wollen wir, also *Tosho* und ich, einen kleinen Song spielen, den zwar alle kennen, in dem du aber, Joe, wider Erwarten die Hauptrolle spielst. Den Text kennt ihr so bestimmt noch nicht. Und diejenigen, die kein Englisch verstehen, werden das meiste auch so kapieren.

Es boten sich übrigens einige Songs für dich an …

Joe Enochs (nach Rosanna von Toto)

all we wanna do is when you lay down on the lawn
is see you rise – Joe Enochs, Joe Enochs,
we never thought that a boy like you
could ever care for US … A, Joe Enochs.
All we have to do in the middle of the game
is hold you tight – Joe Enochs, Joe Enochs.
We didn't know you were looking for more cards
than there could ever be, Joe Enochs …

Joe Enochs (nach Hey Jude von den Beatles)

Hey Joe, that's not too bad
so take this sad song and make it better.
Remember your parents heard these words
when you were born in Petaluma.

Hey Joe, dont be afraid
you studied crime to play in Sankt Pauli.
The minute you arrived in Germany
you realized how much worth your study would be.

And anytime you felt a pain hey Joe you didn't refrain
to carry the A-team upon your shoulders.

Na, na, na, na … Na, na, na, na …

Hey Joe, don't let us down,
you have found us now go and get it!
Remember you let us into you heart
and now you can start to make it better.

So let it out and let it in, hey Joe, begin
your waiting for the B-team to perform with.
And dont you know that its just you, hey Joe, you'll do
the Sportsbar you lead is on your shoulders.

Na, na, na, na … Na, na, na, na …
Na, na, na, nananana, nananana, hey Joe!

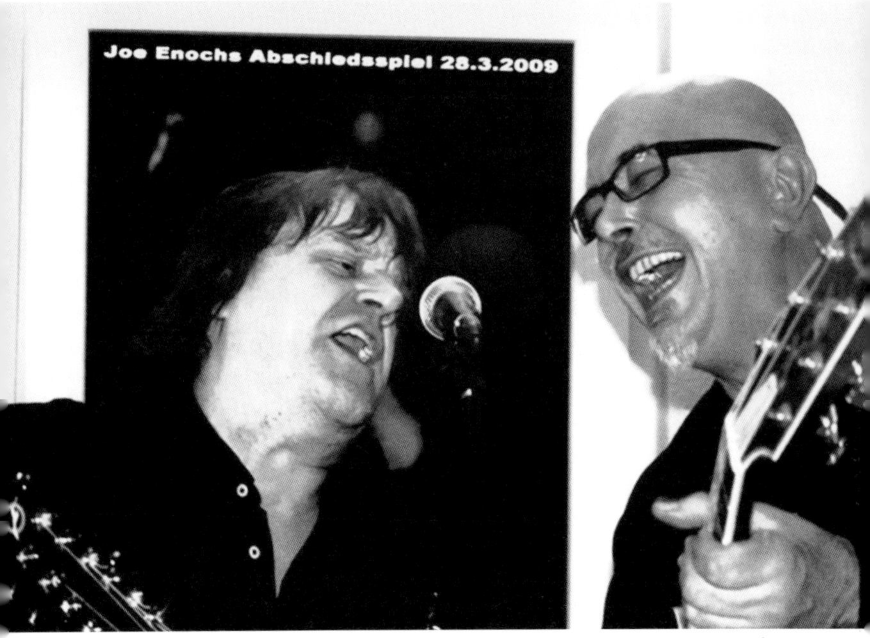

Kalla Wefel und Todor Tosho Todorovic.

Red Bull – ein Gespenst geht um in Europa

Kalla Wefel

Nach dem vorzeitigen Spielabbruch am 10. August 2015 waren die Gemüter der VfL-Fans nur schwer zu besänftigen. Der VfL führte sensationell 1:0. Ich verließ damals sofort nach dem erzwunge¬nen Abpfiff die Brücke, weil ich wusste: „Das war's", und marschierte deprimiert die Bremer Straße in Richtung Haster Weg hinauf. Das Stadion war noch voll, *Quecke*, der damalige VfL-Präsident Hermann Queckenstedt, hielt gerade mit richtig gewählten Worten eine Besänftigungsrede im Mittelkreis und fast geisterhaft zog der Bus von Red Bull Leipzig mit einem Polizeiwagen voran an mir vorbei. Die Spieler trugen noch die Trikots, waren also nicht freiwillig eingestiegen, sondern eher evakuiert worden. Sonst war da niemand auf der Bremer Straße, außer mir schienen alle im Stadion zu sein. Was für eine surreale Szene.

Wie ein sechzehnjähriger Ultra warf ich dem Gespensterbus noch hilflos zwei Stinkefinger und wohl auch den ein oder anderen nicht druckreifen Fluch hinterher. Man hatte so entschieden, wie man später lesen konnte, um den Leipziger Tross vor eventuellen Ausschreitungen zu schützen.

Rangnicks Familienprobleme

Unvergessen in der VfL-Fanszene sind die Worte des damaligen RB-Trainers Rangnick einen Tag nach dem Spielabbruch in Osnabrück: „Ich hätte gestern mit Frau, Kind und Familie in dem Stadion gar nicht gewusst, wo ich hätte sitzen oder stehen können, um mich halbwegs sicher zu fühlen."

Was für eine jämmerliche und unverschämte Dramatisierung der Ereignisse, aber typisch für diesen von der Realität völlig entrückten Menschen, der auch noch für „seine" Erfolge einst in Hoffenheim, dann in Leipzig und für die weltweit agierenden RB-Firmenclubs von Speichelleckern gefeiert wird.

Du meine Güte!

Gebt dem Vorstand von TuS Kattenvenne – der Verein muss natürlich erst noch gegründet werden – unendlich viel Geld in die

Hand und TuS *Katte* (wie er dann liebevoll von den 17 stimmberechtigten Mitgliedern genannt wird) spielt in wenigen Jahren in der Champions League.

Jede Wette.

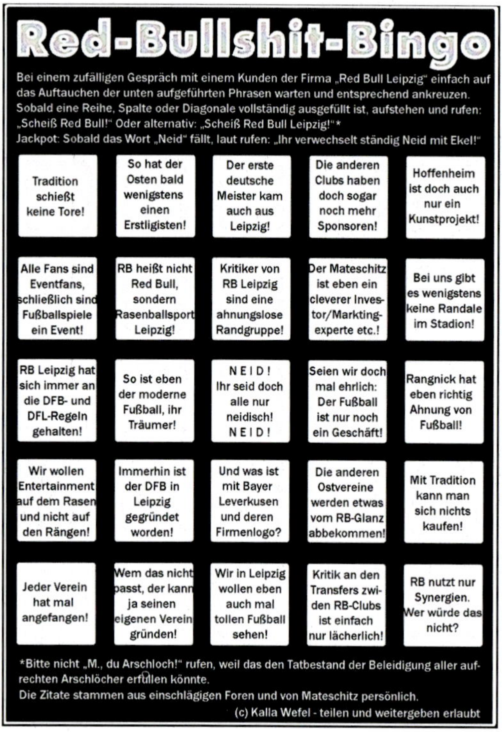

Red-Bullshit-Bingo

Bei einem zufälligen Gespräch mit einem Kunden der Firma „Red Bull Leipzig" einfach auf das Auftauchen der unten aufgeführten Phrasen warten und entsprechend ankreuzen. Sobald eine Reihe, Spalte oder Diagonale vollständig ausgefüllt ist, aufstehen und rufen: „Scheiß Red Bull!" Oder alternativ: „Scheiß Red Bull Leipzig!"*
Jackpot: Sobald das Wort „Neid" fällt, laut rufen: „Ihr verwechselt ständig Neid mit Ekel!"

Tradition schießt keine Tore!	So hat der Osten bald wenigstens einen Erstligisten!	Der erste deutsche Meister kam auch aus Leipzig!	Die anderen Clubs haben doch sogar noch mehr Sponsoren!	Hoffenheim ist doch auch nur ein Kunstprojekt!
Alle Fans sind Eventfans, schließlich sind Fußballspiele ein Event!	RB heißt nicht Red Bull, sondern Rasenballsport Leipzig!	Kritiker von RB Leipzig sind eine ahnungslose Randgruppe!	Der Mateschitz ist eben ein cleverer Investor/Markting-experte etc.!	Bei uns gibt es wenigstens keine Randale im Stadion!
RB Leipzig hat sich immer an die DFB- und DFL-Regeln gehalten!	So ist eben der moderne Fußball, ihr Träumer!	N E I D ! Ihr seid doch alle nur neidisch! N E I D !	Seien wir doch mal ehrlich: Der Fußball ist nur noch ein Geschäft!	Rangnick hat eben richtig Ahnung von Fußball!
Wir wollen Entertainment auf dem Rasen und nicht auf den Rängen!	Immerhin ist der DFB in Leipzig gegründet worden!	Und was ist mit Bayer Leverkusen und deren Firmenlogo?	Die anderen Ostvereine werden etwas vom RB-Glanz abbekommen!	Mit Tradition kann man sich nichts kaufen!
Jeder Verein hat mal angefangen!	Wem das nicht passt, der kann ja seinen eigenen Verein gründen!	Wir in Leipzig wollen eben auch mal tollen Fußball sehen!	Kritik an den Transfers zwischen den RB-Clubs ist einfach nur lächerlich!	RB nutzt nur Synergien. Wer würde das nicht?

*Bitte nicht „M., du Arschloch!" rufen, weil das den Tatbestand der Beleidigung aller aufrechten Arschlöcher erfüllen könnte.
Die Zitate stammen aus einschlägigen Foren und von Mateschitz persönlich.
(c) Kalla Wefel - teilen und weitergeben erlaubt

Red Bull – beliebt wie „Scheiße am Fußballschuh"

Kein Wunder also, dass ein solches Projekt aus dem Reagenzglas bei vielen Fußballfans auf harsche Ablehnung stößt, die, angepasst an die Brauseplörre selbst, sicherlich manchmal die Grenzen des guten Geschmacks überschreitet. Zu gerne erinnere ich mich an den eisernen Protest der Union-Fans, als dort die Retortenklons aus Leipzig antraten und am Ende sogar 2:1 in Berlin verloren. Die konsequenteste Waffe gegen diesen Retortenclub, der nichts anderes als die Dependance eines Großkonzerns für eklige Brauseplörre ist, wäre, dieses widerliche Gesöff endlich zu boykottieren, wenn es die Vereine schon nicht tun. So einfach ist das.

Red Bull verleiht Todesflügel

Rechtsausleger Mateschitz hat mittlerweile mit der von ihm finanzierten Jagd nach Rekorden etliche Tote zu verantworten. Red Bull verleiht eben Flügel, aber nur in den Tod. Ach, er ist ja gar nicht selbst gesprungen. Stimmt!

Genauso wenig wie Trump und die Waffenlobby bei den letzten Massenmorden in den USA selbst Hand angelegt haben.

Red Bull ein Verein?

Wären der DFB und später die Vereine in der DFL konsequent gewesen, hätte kein Verein – mit Ausnahme von Hoffenheim – gegen Red Bull Leipzig antreten dürfen. Boykott nennt man so etwas.

Da ich mich weigere, RB als einen Verein mit dem an Lächerlichkeit kaum zu überbietenden Namen „Rasenballsport" zu bezeichnen, schrieb ein User als Facebook-Kommentar: „Der Verein heißt nun mal so. Sachliche Berichterstattung würde die Verwendung des korrekten Namens voraussetzen."

Na prima!

Und in welcher Regel der sachlichen Berichterstattung steht, dass Red Bull Leipzig Rasenballsport heißt? In den Regeln einknickender Medien vor den Werbeeinnahmen? In den Kapitulationsurkunden des DFB und der DFL vor den Machenschaften des Mateschitz-Konzerns?

In den Regeln achselzuckender Da-kann-man-ja-doch-nichts-gegen-machen-Sportjournalisten?

Sich darauf einzulassen, dieses Konstrukt als Rasenballsport oder gar als Verein zu bezeichnen ist unsachlicher und unkorrekter als alles andere. Red Bull Leipzig ist ein Konzern und hat gar nichts mit einem Verein zu tun. Wem noch nicht schlecht ist, der kann sich ausgiebig im Internet über den absurden Retortenclub Red Bull Leipzig und seine 17 stimmberechtigten und natürlich allesamt beim Mateschitz-Konzern beschäftigten Mitglieder informieren.

Wie schön, dass der VfL nicht Red Bull Leipzig ist …

… und auch nicht die TSG Hoffenheim oder ein sonstiger gesichts- und geschichtsloser Retortenclub, den sich ein vom Leben gelangweilter Milliardär als Hobby ausgesucht hat.

Neid? So ein Quatsch! Damit hat das rein gar nichts zu tun. Ständig wird Neid mit Ekel verwechselt.

Es ist nämlich die pure Abscheu vor so viel Respektlosigkeit gegenüber den über Generationen gewachsenen Gefühlen unzähliger Fußballfans und vor so viel Ignoranz gegenüber der Geschichte und den Strukturen von Traditionsvereinen und deren angestammter Heimat. In England, Italien, Spanien und auch in Frankreich ist der Fußball seit einigen Jahren auf dem besten Weg ins totale Abseits. Er ist allmählich dort angelangt, wo er in Hoffenheim und Leipzig von Anfang an zu Hause war – auf dem absoluten Tiefpunkt fußballmoralischer Verkommenheit. Er ist nämlich längst kein Fuß-, sondern nur noch ein Spiel¬ball von Spekulanten, Scheichs, Diktatoren, Oligarchen und Milliardären. Viele Fußballfans gehen in England gar nicht mehr ins Stadion, sondern gründen lieber ihre eigenen Vereine und schlafen allenfalls noch in der längst zerschlissenen Bettwäsche ihrer ehemaligen Lieblingsclubs.

Lieber Rock 'n' Roll als Musical

Und das aktuelle Publikum? Mit wenigen Ausnahmen wie beim FC Liverpool fast nur noch Hipster, Yuppies und Eventfans, die mit gelangweilter Miene das Spielgeschehen beobachten, weil es sie im Grunde vom Konsumieren abhält, ganz nach dem Motto „the fans are not amused".

Und auch die Stimmung in Sinsheim oder Leipzig erinnert allenfalls noch an die ausgelassene Atmosphäre bei einem Livekonzert von André Rieu im Kurpark von Bad Nauheim. Es sind die aktuell schlimmsten Beispiele für den endgültigen Ausverkauf von Vereinsseelen, für die ganze Verkommenheit des Profifußballs und den längst vollzogenen Übergang vom Rock 'n' Roll hin zum inhaltsosen seichten Musical mit Helene Fischer als Cheerleader.

Der Fußball wird immer aseptischer

Freuen wir uns schon mal gemeinsam auf das emotionsgeladene Traditionsderby Red Bull Leipzig gegen die TSG Hoffenheim, natürlich nur echt von 1899. Im Grunde sind es diese Retortenclubs nicht einmal wert, ignoriert zu werden, doch allmählich entweicht dem Fußball durch die Machenschaften von Finanzjongleuren, durch Korruption und Wettmanipulation weltweit die Luft.

Es ist sogar zu befürchten, dass der leidenschaftliche, in der Gesellschaft verankerte Fußball spätestens nach der lächerlichen Corona-EM nun in der Wüste von Katar auf sandigem Boden ohne Fundamente endgültig in die Bedeutungslosigkeit versinkt. Und es wäre ihm zu gönnen.

Und was ist mit dem VfL?

Auch der VfL hatte seit der Ausgliederung viel von seiner Authentizität verloren. Da stand plötzlich kein Verein mehr auf dem Platz, sondern die Mannschaft einer GmbH & Co. KGaA. Die dadurch über die Jahre zusehends stärker werdenden Entfremdungserscheinungen konnten erst in den letzten Jahren ein wenig gemildert werden, denn Erfolg macht zwar verführerisch, aber eben nicht nur der:

Das stets optimistische und sympathische Auftreten Daniel Thiounes trug sicherlich neben dem Erfolg am meisten dazu bei, dass eine neue Identität entstand. Selten hat es mehr Spaß gemacht, einem Trainer ohne jede Fremdscham zuhören zu können.

Und nun krebst der VfL wieder in der Dritten Liga mit Vereinen wie Verl oder Havelse herum. Na und? Ein Verein, auch wenn er mittlerweile eine Firma ist, lebt am Ende einzig und allein von den Fans.

Frühlingsgefühle

Frank Schneider

Lila-weiße Frühlingsgefühle am herbstlichen Pokalabend

(Dieser Text wurde zwei Tage nach dem DFB-Pokalspiel des VfL gegen den SC Freiburg am 26. Oktober 2021 geschrieben)

Es war ein toller Pokalfight, den die Lilahemden an einem Dienstagabend boten. Leider war für die VfLer aber nur die Rolle der tragischen Helden vorgesehen, obwohl sie mit ihrer brückenwürdigen Moral ein Weiterkommen im Pokal mehr als verdient gehabt hätten. Genauso wie das Publikum, das die Kultstätte des Osnabrücker Fußballs beseelte und sich den atmosphärischen Assist zum Ausgleich in der 97. Minute verdiente.

Die 120 Minuten plus Elfmeterschießen waren ein Spiel, in dem sich wie in einem Zeitraffer all das zeigte, was die bisherige Saison ausmachte – im Positiven wie im Negativen. Ein Traumtor, Vollgasfußball der alten Kloppo-DNA, eine gute Spielorganisation, ein Standardtor, aber auch ein plötzliches Chancentod-Syndrom im gegnerischen Strafraum, eine haarsträubende Beihilfe zum Gegentor, ein ungewolltes Betteln nach gelben Karten und Elfmeterschwächen. Genie und Wahnsinn wechselten sich ab – insbesondere *Pippo* Kühn vereinte beide Seiten in einer Person. Als gegnerischer Fan hätte ich solche Torhüter gehasst, die beim Elfmeterschießen Psychospiele aufführen, als wären sie die Ballschnapper-Inkarnation eines Klaus Kinskis.

Auch wenn der VfL ausschied, sehe ich in dem Spiel viel Potenzial für Heldengeschichten, die anders als am Dienstag ein Happy End haben werden. Sollte der VfL im Mai 2022 aufsteigen, wird es Klaas gewesen sein, der in engen Spielen den Unterschied ausmachte. An dieser Stelle könnte ich wieder in ein Spielerberatergeseiere verfallen, aber aus Rücksicht auf einen prominenten VfL-Fan in Istanbul verzichte ich darauf, über mögliche Bundesligavereine zu spekulieren, bei denen Klaas heute ohne seine Verletzungshistorie spielen könnte. Stattdessen schließe ich mich der Forderung des Oldschool-TPs auf lilaweiss.net an, dass Klaas immer spielen sollte, und zwar auf der Zehn.

Hoffnung macht auch, dass Schernings Einwechselungen am Dienstag sehr wirksam waren – womit seine Eingriffe an die „thiounsche Magie" erinnerten. So erzielten Gugga und Klaas die Tore – während Wooten das Spiel belebte, und das auf eine Art und Weise,

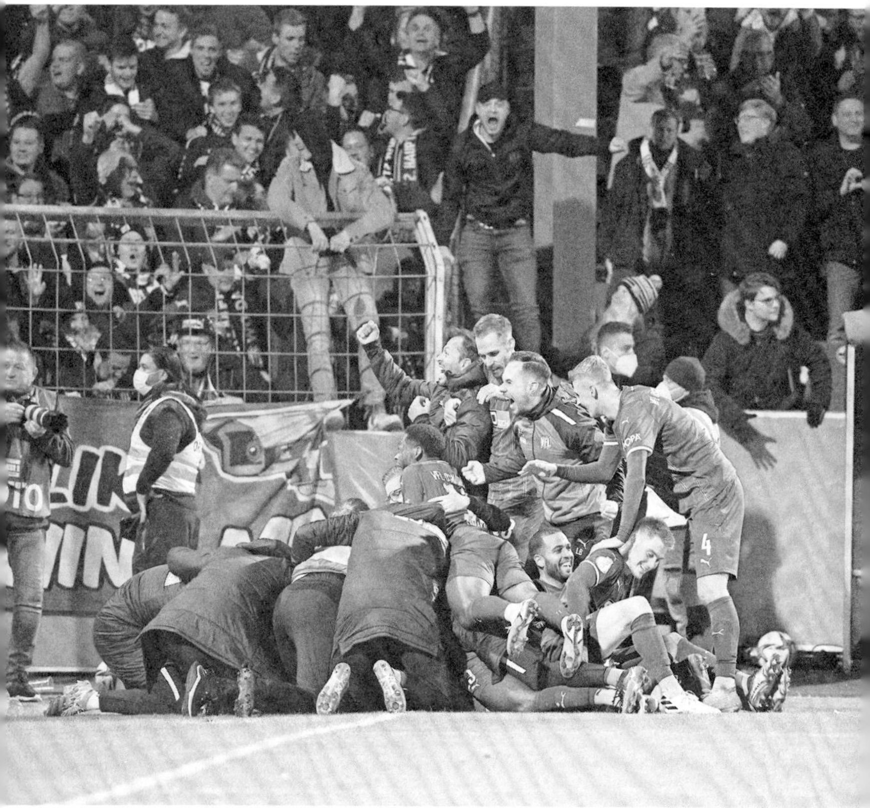

die mich veranlasste, eine gegenwärtige Zukunft zu entwerfen, in der unser Neuner eine bessere Rolle spielen kann als vor dem Pokalspiel. Auch Simakala setzte positive Akzente – bis zu seinem Aussetzer, der in seiner Konsequenz zwar nicht hilfreich, aber auch nicht spielentscheidend war.

Nach dramatischen Niederlagen ist Alkohol keine Lösung, aber vielleicht Fußballpathos. So überkamen mich in der Verarbeitung des Geschehens die folgenden schwurbeligen Gedanken.

Die gefühlige Lehre aus dem brutalstmöglichen Verpassen der Pokalsensation ist: Die Bremer Brücke sollten Erfolgsfans lieber meiden, für deren Emotionshaushalt nur zählt, ob der VfL gewonnen hat oder nicht. Diejenigen, deren Fußballlibido stumpf auf eine

Ergebnispornographie gerichtet ist, wären gut beraten, zur Triebabfuhr lieber zum FC Bayern zu gehen (abgesehen von letztem Mittwoch). Aber für VfL-Fans, die zu einem fußballromantischen Gefühlsempfinden fähig sind, bot unser Pokalspiel eine höchst sinnliche Begegnung mit dem VfL, die Schmetterlinge im Bauch an einem Herbstabend erzeugte.

Oh Mama, Mama, Mama, ich hab mich neu verliebt, ich hab, ich hab den VfL gesehen, wäre der Sprechchor, der die gestrige „Brücken-Atmosphäre" perfekt widerspiegelte, die für mich auch in dem Stream auf Sky Go spürbar war. Am Dienstag ereignete sich unter den Flutlichtstrahlen auf dem Grün der Bremer Brücke eine Wiederverzauberung des VfL, und zwar in ihrer tiefgründigsten Form. Denn diese Wiederverzauberung wurde aus dem Schmerz einer dramatischen Niederlage geboren. So war im fußballromantisch erhitzten Herzen eine ultrastarke VfL-Verbundenheit zu spüren – nämlich jene besondere, die sich selbst tragen kann und somit keiner materiellen Stützen mehr bedarf, die auf dem Fußballmarkt in der harten Währung des sportlichen Erfolgs angeboten werden.

Der DFB-Pokal-Zirkus zieht ohne die Lilahemden weiter, aber die Liebe seiner nicht-erfolgsfixierten Fans hat der VfL zurückgewonnen. Diese Versöhnung gelang auch, weil das Drumherum beim VfL seit dem Wechsel auf der Geschäftsführerposition wieder Identifikationssehnsüchte bedienen kann. Wertorientierung und Glaubwürdigkeit in der Kommunikation blühen nachweislich auf, seitdem vom Hannes-Haferkamp-Platz 1 mehr Habeck- als Lindner-Style verströmt wird.

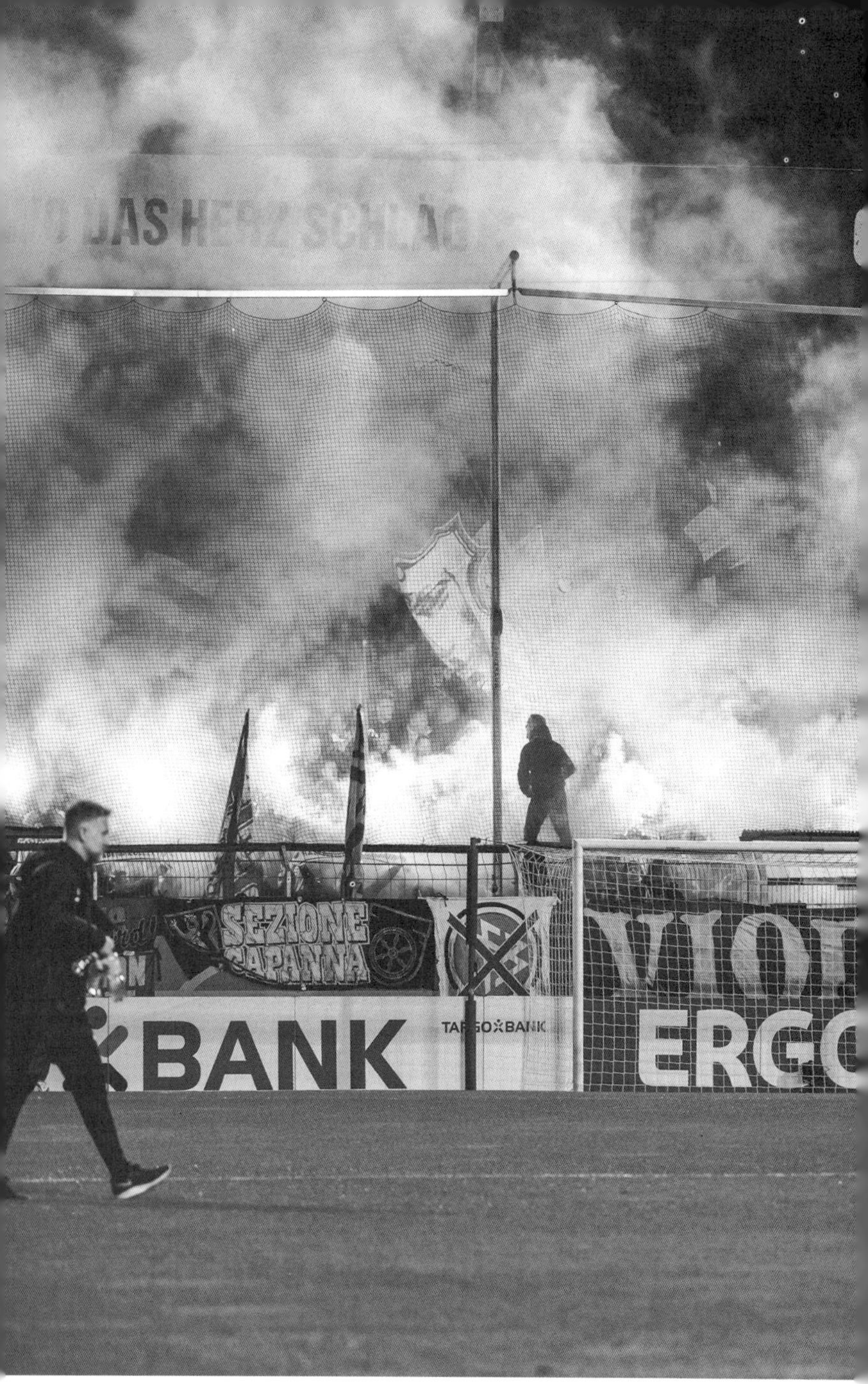

Begrüßung der Mannschaft vor dem Pokalspiel gegen den SC Freiburg.

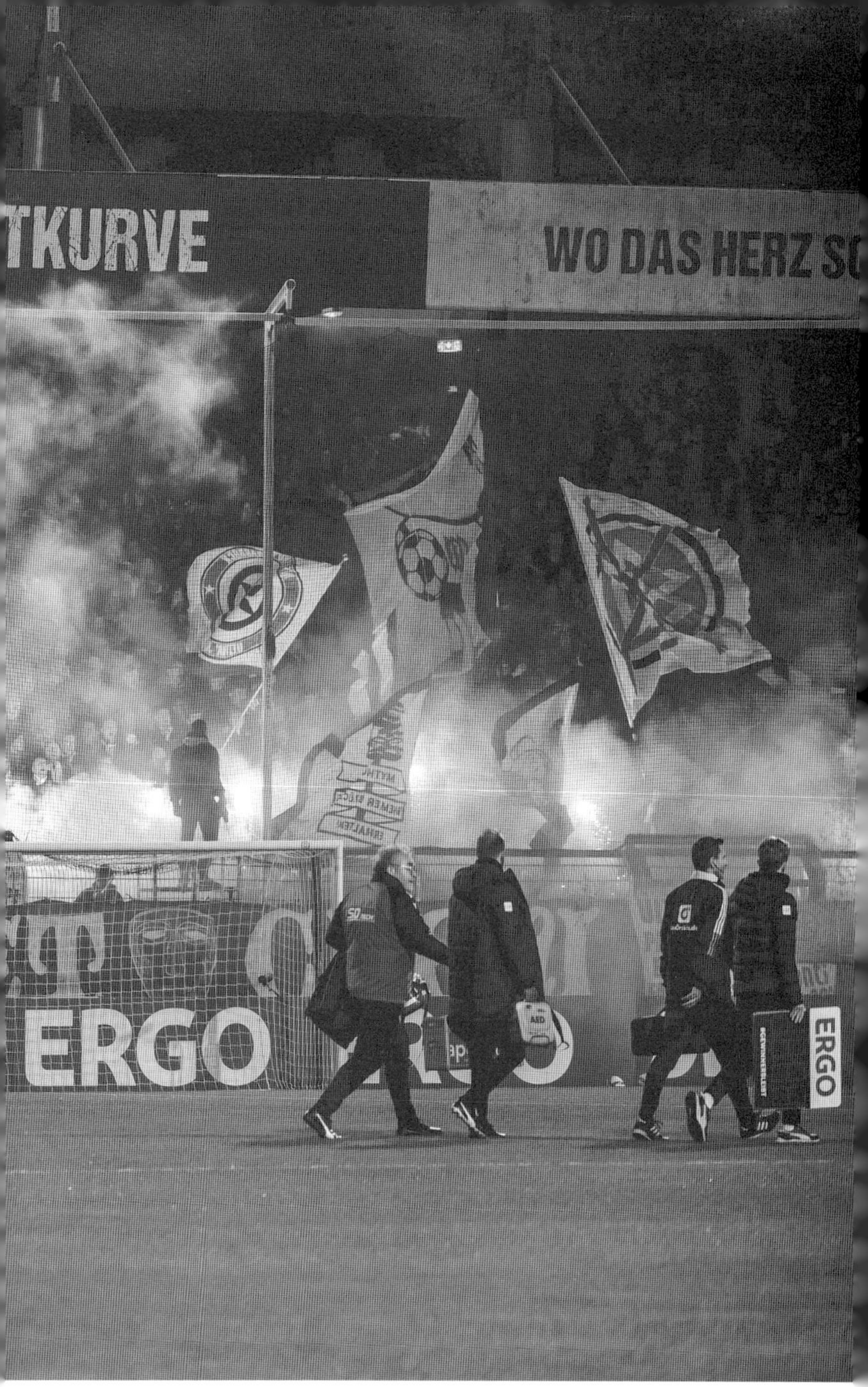
TKURVE
WO DAS HERZ S
ERGO
AED
ERGO

Dritte Liga revisited

Ralph Gehrke

Zurück in die Zukunft

Samstag, der 31. Juli 2021, 14 Uhr: Der VfL Osnabrück startet in die neue Saison, und das mit einem Elan, als würde die Mannschaft nahtlos an die Meistersaison 2019 anknüpfen wollen.

Dabei ist (fast) alles anders, nur die Liga die vertraut gleiche.

Gefühlt schien der Prozess der Neubildung von der Erleichterung begleitet, endlich aus dem falschen Film rausgekommen zu sein, der da hieß Zweite Liga. Irgendwie hatte man während der gesamten 23 Zweitligamonate den Eindruck, dass Bundesliga so gar nicht zum VfL passen wollte. Kaum hatte sich das Aufstiegsmärchen als real erwiesen, gebärdeten sich Verantwortliche und Akteure, als seien sie irgendwo anders unterwegs, nur nicht in Osnabrück.

Ein Trainer, der sich plötzlich schneller wachsen sah als sein Verein, Spieler, die sich plump und naiv von schlechten Beratern anfunken ließen, wenn auf der Illoshöhe das Training noch nicht beendet war. Dazu ein Manager, der sein Anfängerglück völlig überschätzend die Mannschaft mit Personal aufstockte, das sich überall hin hätte verleihen lassen, um die eigene Karriere anzuschieben. Drum herum der Hype ums neue Trainingszentrum, ohne das angeblich nix mehr gehen würde, und eine geradezu groteske Diskussion in Bezug aufs Stadion, bei der ernsthaft mit dem Vorschlag herumhantiert wurde, die Bremer Brücke aufzugeben, um ein den Ansprüchen (wer bestimmt die?) genügendes Schmuckkästchen irgendwo in einer Autobahnschnittstelle im Umland zu platzieren. Befeuert wurde der Blödsinn durch überzogene Forderungen seitens der DFL, was die Ausstattung des sanierten Stadions am alten Standort betraf. Wobei die Traditionsstätte wie eine marode Bruchbude schlechtgeredet wurde.

In der ganzen medial aufgeheizten Quatscherei gab es keinen auf der verantwortlichen VfL-Seite, der sich diesen Zumutungen entschlossen und selbstbewusst gestellt hätte. Im Gegenteil, man fantasierte munter geräuschvoll mit, ohne den Hauch eines Gedankens daran zu verschwenden, woher dieser Club eigentlich kommt und was ihn ausmacht. Die Prognose, dass dabei nicht viel mehr als ein rascher Abstieg herauskommen konnte, hätte man sich bei bwin versilbern können.

Nun ist das absurde Theater vorbei und siehe, es wird wieder richtig und ansehnlich Fußball gespielt. Trainiert wird weiterhin auf der Illoshöhe und wenn dort zu einem Testspiel 600 Zuschauer*innen aufschlagen, zeigt das eindrucksvoll, wo die Stärken des Vereins liegen. In seiner Bodenständigkeit, seiner Nähe zu den Fans und zur Stadt Osnabrück, in deren Mitte eine Spielstätte liegt, die in Deutschland ihresgleichen sucht. Medien berichten gerne von dort, denn Stimmung ist garantiert und selbst Gegner aus höherklassigen Gefilden reisen hier immer mit einem mulmigen Gefühl an, weil sie ahnen, was die Atmosphäre ihnen antun kann.

Am kommenden Samstag wird das Werder Bremen sein, und auch wenn unter Corona-Bedingungen die Kapazität auf ein Drittel beschränkt ist, weiß jeder, dass für den VfL im eigenen Stadion stets etwas zu holen ist, weil die Osnabrücker immer da sind! Nun denn, niemand erwartet, dass der VfL solche Spiele gewinnt, aber ein bisschen mehr als nur träumen ist schon angebracht…

Wichtiger ist inne Liga …

… und da ist der VfL erstaunlich gut angekommen. Zu erwarten war das nicht unbedingt. Denn die auf vielen Positionen neu formierte Mannschaft gleicht einer Wundertüte. Mittlerweile muss jedem VfLer klar sein, dass eine Kaderplanung hier hauptsächlich am Prinzip Hoffnung ausgerichtet sein muss, weil das Geld notorisch knapp ist. Daher ist es umso wichtiger, Leute zu haben, die mit den wenigen Mitteln Maximales auf die Fußballerbeine bringen. Verantwortlich dafür sind in erste Linie Sportdirektor Amir Shapourzadeh und Trainer Daniel Scherning. Beide ebenfalls neu.

Auffällig ist, dass sie offensichtlich wenig von Transfers auf Leihbasis halten. Eine im Hinblick auf personelle Enttäuschungen der Abstiegssaison gut nachvollziehbare Kehrtwende.

Die vom armen Budget diktierten Bedingungen bringen es mit sich, dass bestenfalls Spieler folgender drei Kategorien verpflichtet werden können:

1. Solche, die in der Regionalliga auffällig geworden sind, in der Hoffnung, dass sie auch eine Liga höher einschlagen. Spekulativ und mit Risiken behaftet, wenn´s gut läuft allerdings mit hoher Gewinnerwartung. Wiesner, Kleinhansl, Kunze, Wähling, Higl Itter, Simakala.

2. Erfahrene Drittligaspieler, von denen man hofft, dass sie beim VfL mindestens so gut spielen wie vorher. Solide Anlage, wobei die Perspektive nach oben unwägbar bleibt. Ibo Traoré, Bertram.

3. Spieler, die bessere Tage erlebt haben und vom Potenzial her den Unterschied machen könnten. Schnäppchen mit Tücken. Es handelt sich um verletzungsanfällige Spieler, die von den abgebenden Clubs exakt aus diesem Grund aus ihren Verträgen entbunden werden. Die Möglichkeit, dass ein solcher Spieler die entscheidende Zeit der Saison in der Reha-Abteilung verschwindet, ist mit ziemlicher Wahrscheinlichkeit einzukalkulieren, wie sich an Bapoh und Wooten schon zeigt. Haas ist derzeit (noch) fit.

Dazu kommen Talente aus der eigenen Jugend. Aktuell sind das Beckemeyer, Sprekelmeyer, Möller, Köhler, H. Traoré, Bertelsmann. Diese Hoffnungsträger stehen latent in der Gefahr, von schlechten Beratern auf sportliche Holzwege gelockt zu werden. Beispielhaft kann man das anhand des Hürdenlaufs von *Addy* Menga durch die Ligen der Republik nachverfolgen.

Und was sagt uns nun der Saisonstart in Saarbrücken? Grundsätzlich hat der erste Auftritt gezeigt, dass Scherning bisher gute Arbeit geliefert hat. Überzeugendes Auftreten, ruhige Ausstrahlung, sicher in der Nominierung, geschicktes Händchen bei Einwechslungen, klare taktische Ausrichtung, die die Spieler nicht überfordert. Man merkt, dass er nicht nur Nachwuchs, sondern auch Profis führen kann. Nach dem Platzverweis – den man im Übrigen so geben kann – wurde offenbar, dass die rechte Seite, sowohl in der Abwehr als auch auf der Außenbahn, doch noch dünn besetzt ist. Das lag sicherlich auch daran, dass Klaas aufgrund der erzwungenen Änderung im System nicht weiterspielen durfte. Auf ihn darf man besonders gespannt sein. Man muss ihn aufgrund seiner Anlagen als Schlüsselspieler im offensiven Mittelfeld auf der rechten Seite sehen. Dabei kann man nur hoffen, dass seine Physis den Anforderungen des Profifußballs gewachsen ist. Sollte er diesmal tatsächlich mehr Zeit auf´m Platz als in der Reha verbringen, geht´s mit dem VfL nach oben. In dem Fall sollte Sportdirektor Shapourzadeh drauf vorbereitet sein, ihm klarzumachen, wo seine nähere Zukunft liegt, wenn er dann nämlich anfangen sollte, mit prämiengeilen Beratern zu telefonieren. Gefühlt zwei Jahre Reha, da kann man erwarten, dass ein Spieler auch mal über eine Saison hinaus zurückzahlt.

Die Mannschaft ist taff (= Taffertshofer) – und das kann in einer Spielzeit mit 38 Pflichtpartien nur von Vorteil sein. Den Fairnesspokal sollen sich andere holen. Kühn ist nach wie vor ein starker Torhüter vor einer Abwehr, die für Drittligaansprüche überdurchschnittlich ist. Mittendrin *Eule* Beermann. Allein die eine Halbzeit in Saarbrücken muss jedem deutlich gemacht haben, wie wichtig er für den VfL ist. Daher kann man die sportliche und geschäftliche Leitung nur darin unterstützen, dass sie seine Abwanderungsflausen gen Rostock blockt.

Auffälligster Spieler ohne Frage: Ba-Muaka Simakala, alias *Chance*. Mit ihm scheint sich zu erfüllen, was man bei der Verpflichtung von aufstrebenden Regionalligakickern im Auge hat. Ballsicher, nicht ballverliebt, athletisch robust, Spielübersicht, Selbstvertrauen – und das Wichtigste für einen Stürmer: Zug zum Kasten. Das erste Tor ist gefallen, weil er den Ball mit einem letztmöglichen Reflex dorthin bugsiert hat, wo er landen soll. Dass sich die Saarbrücker den schließlich selbst reinwürgen, ist eine Folge des Willens, das Ding ins Eckige zu bringen, egal wie. Für diese Chancen scheint Chance ein Näschen zu haben. So etwas nennt man wohl Stürmergen. Ganz abgesehen davon, dass ein solches Tor eine Liga höher nicht fallen würde, aber da spielt der VfL ja zurzeit nicht.

Ausblick: Wie wär´s mit Philosophie?

Der Auftakt zur Saison 2021/22 lässt Raum für Träume, auch vom Aufstieg. Um letztendlich eine Ligaetage höher zu bestehen, braucht es allerdings mehr als nur eine Ausnahmesaison.

Sollte es am Ende – oder irgendwann – wirklich dazu kommen, müsste der Verein im Ganzen besser aufgestellt sein als 2019/20. Der Fokus dürfte dann eben nicht darauf liegen, die gesamte Infrastruktur des Clubs auf den Kopf zu stellen, nur weil die DFL mit ihren Luxusbedürfnissen droht. Darauf muss man eingestellt sein und dementsprechend konzeptionell und rhetorisch aufgestellt. Das heißt, der VfL muss nicht nur sportlich wachsen, sondern auch mental – und damit sind zuallererst Leute aus der Führungsloge gemeint. Wenn man sich da die aktuelle Besetzung anschaut, müssen

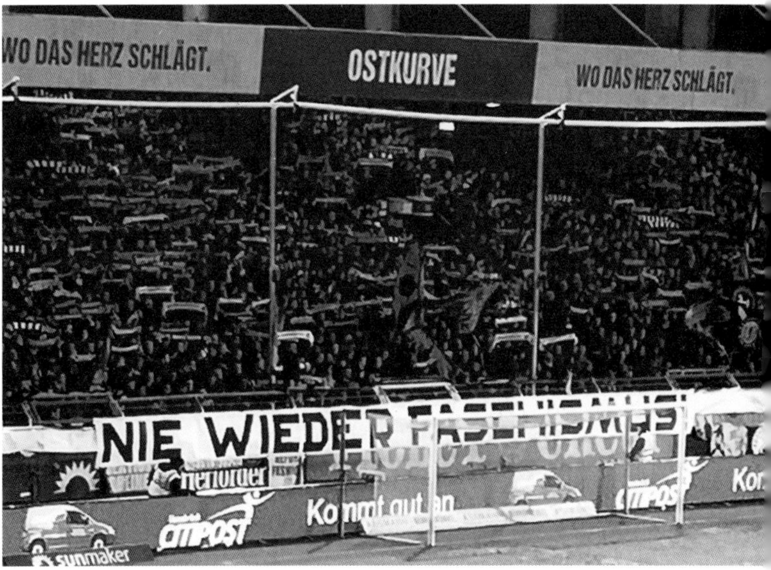

Wo das Herz schlägt.

einem zwangsläufig Zweifel kommen, ob mit der Truppe Bundesliga auf Dauer zu machen ist.

Jeder weiß, dass der VfL Osnabrück finanziell keine großen Transfers reißen kann. Und das wird in naher Zukunft auch so bleiben. Ein klammer Club wie der VfL, landläufig auch Traditionsverein genannt, hat daher nur eine Chance, wenn er sich konzeptionell verstärkt und seine vermeintlichen Schwächen zu einem Leitbild im positiven Sinn umwandelt. Wie so etwas geht und dass es geht, haben SC Freiburg und FC Heidenheim vorgemacht. Das sind Blaupausen, an denen man sich orientieren sollte.

Kurzum: Der VfL braucht etwas, was Günther Netzer eine Philosophie nennen würde. Ihre Kernbegriffe müssten lauten: Wir-Gefühl und Kontinuität. Auf Grundlage dessen müsste ein VfL-Bewusstsein geschaffen werden, das Selbstbewusstsein und Überzeugung kreiert: Die Überzeugung aller Beteiligten, dass man zusammen mit diesem Verein – auch für sich selbst – Höheres erreichen kann, dass man damit als VfL Osnabrück nicht nur Spiele gewinnt, sondern auch Image. In Zukunft wird es eine existenzielle

Notwendigkeit sein, diesem Verein etwas zu verleihen, was man in der Wirtschaft Corporate Identity nennt. Auf dem Weg dahin braucht es Rückgrat und rhetorische Robustheit, auch gegenüber mächtigen Verbänden wie der DFL. Im Zuge dessen darf man auch beharrlich lokale und regionale Unternehmen dazu überreden, sich an dem Erfolgsmodell zu beteiligen. Hier ist noch jede Menge Luft nach oben. Zur Vermittlung einer solchen Message („VfL – wo das Herz schlägt!") gehört ein klares Bekenntnis zur Bremer Brücke, zu Fan-Nähe, zu erschwinglichen Eintrittspreisen und dem Standort Osnabrück. Das Umfeld dazu ist da, das sieht man sofort, wenn sich nur die kleinsten sportlichen Erfolge einstellen, wie schnell der Fan-Andrang wächst. Der gemeine Fußballfan in Osnabrück hat keine überschäumenden Ansprüche, ist aber umso treuer. Hier im mittelständischen Südwestniedersachsen muss man die Massen nicht mit einer 5-Sterne-Ausstattung der Ränge locken und ein strikt digitales Bezahlsystem schreckt eher ab. Die Osnabrücker wünschen sich eine Mannschaft, die sich den Allerwertesten aufreißt und natürlich möglichst gewinnt. Dazu 'ne Wurst und 'n Bier – reicht! Ein Dach ist ja da. Läuft das, kommen Kohle und Sponsoren von ganz allein.

Wenn man diese spezielle VfL-Mentalität überzeugend in die Öffentlichkeit bringt, muss man irgendwann nicht mehr dafür werben. Mit einem Mal stehen Leute vor der Geschäftsstelle, die bis dato noch gar nicht daran gedacht hatten, dass sie etwas mit dem VfL zu tun haben wollen. Selbst Berater und Spieler mit höheren Ansprüchen kommen dann peu â peu von selbst. Natürlich entsteht so etwas nicht über Nacht, andererseits sind wichtige Elemente bereits vorhanden. Wie zum Beispiel die Vereinshymne, die wirklich passt. *Nur für diesen Verein* … Auf den Tribünen ist das schon lange angekommen und wird dort gelebt. Aber das reicht eben nicht. Diese Überzeugungen müssen nicht allein von unten, sondern auch von oben kommen. Nur dann kann man sie dauerhaft und nachhaltig an die vermitteln, auf die es schließlich auf´m Platz ankommt: Trainerteam und Spieler.

Wenn man sich jedoch anschaut, wer aktuell diesen Verein in seinen maßgeblichen Gremien vertritt, ist dort wenig davon zu finden. Präsident Hülsmann ist weit entfernt, sich rhetorisch aus dem Fenster zu hängen, Begeisterung Fehlanzeige. Von weiteren Posten ganz abgesehen. Nicht ein Name, der als ein bekennender

VfLer auffällig geworden wäre, sei es jemand aus dem erweiterten Präsidium, dem Beirat, dem Aufsichtsrat, dem Ehrenrat. Allesamt blasse Platzhalter*innen, die nur darauf bedacht scheinen, die Statuten einzuhalten. Diese „Köpfe" spulen das von ihnen verlangte Sitzungsminimum im Stil eines Sparkassenvereins ab. Außenwirkung gleich Zero. Aufbruchstimmung? Woher soll die kommen?

Wenn es während einer Mitgliederversammlung mal turbulent wird und sich Stimmen erheben, die den VfL wirklich voranbringen wollen, werden die kurzerhand in die Oppositionsecke bugsiert und deren Anliegen, die sich oft mit den Wünschen der treuesten Stadionbesucher decken, kleingeredet.

Und weil sich dieser Proporz so eingebürgert hat, steht der Club immer in Gefahr, den nächsten sportlichen Erfolg ähnlich zu verdaddeln wie den letzten. Das hat der VfL nicht verdient und deshalb ist nur zu wünschen, dass sich bald möglichst Persönlichkeiten finden, die diesen Verein nachhaltig erfolgreich in die Zukunft führen.

Die Autoren

Ralph Gehrke

Dr. phil., Jahrgang 1954, Autor und Journalist (u. a. ein Roman mit VfL-Geschichte(n)), schreibt seit Juli 2021 für die Osnabrücker Rundschau. Lebt in Osnabrück.

Peter von Koss

1947 in Osnabrück geboren, wuchs neben der Bremer Brücke auf und ist VfL-Fan seit frühster Kindheit. Lehrer, heute Weltenbummler.

Lars Mosel

1975 in Georgsmarienhütte geboren, lebt im Kreis Steinfurt und begleitet den VfL als Fan sozusagen ein Leben lang, ist Autor und ständiger Mit-Kommentator beim VfL-Podcast der Osnabrücker Rundschau..

Frank Schneider

1971 in Osnabrück geboren, seit 2000 in Hamburg lebend und gerne im Steilshooper Hochhausgebirge wohnend, war als Sozialpädagoge jahrelang in der niedrigschwelligen Drogenhilfe tätig und arbeitet seit mehr als 10 Jahren in der Ambulanten Sozialpsychiatrie, seit 2019 auch Soziologe und somit imstande, theoretisch reflektiert den Alltagswahnsinn zu beobachten: vom Karneval der Fankulturen bis zum Gruselkabinett verschwörungsgläubiger Protestbewegungen.

Heiko Schulze

1954 in Osnabrück geboren, Lehrer für die Fächer Geschichte und Kunst, arbeitete vor dem Eintritt in den Ruhestand bei der Osnabrücker Kulturverwaltung. Bis heute nebenberuflich Lehrbeauftragter an der örtlichen Hochschule, gründete mit Kalla Wefel am 1. Januar 2021 die Online-Zeitung Osnabrücker Rundschau. Autor lokalgeschichtlicher Romane und Sachbücher.

Kalla Wefel

Jahrgang 1951, verdingte sich ein halbes Jahrhundert vornehmlich in Hamburg als Journalist, Autor, Kabarettist und Rockmusiker. Wohnt seit 2003 wieder in seiner Heimatstadt Osnabrück, gründete am 1. Januar 2021 mit Heiko Schulze die Online-Zeitung Osnabrücker Rundschau, sitzt beim VfL auf der Pressetribüne und seit dem 12. September 2021 als Mitglied der Partei Die PARTEI im Osnabrücker Stadtrat.

In der Reihe Bibliothek des Deutschen Fußballs sind bereits erschienen:

Bd. 1 1. FC Union Berlin (Jörn Luther)
Bd. 2 SV Babelsberg 03 (Rico Noack)
Bd. 3 BFC Dynamo (Marco Bertram)
Bd. 4 FC Energie Cottbus (Jens Batzdorf)
Bd. 5 1. FC Lokomotive Leipzig (Freundeskreis Probstheida)
Bd. 6 BSG Chemie Leipzig (Alexander Mennicke)
Bd. 7 1. FC Magdeburg (Jente Knibbiche)
Bd. 8 F. C. Hansa Rostock (Marco Bertram)
Bd. 9 1. FC Nürnberg (Benjamin Wolf)
Bd. 10 FC Rot-Weiß Erfurt (Matthias Klaß)
Bd. 11 1. FC Köln (Andreas Merkel)
Bd. 12 SG Dynamo Dresden (Uwe Leuthold)
Bd. 13 FC Sankt Pauli (Fabian Fritz & Gregor Backes)
Bd. 14 SV Waldhof Mannheim (Andi Nowey)
Bd. 15 FC Carl Zeiss Jena (Jörg Dern & Toni Schley)
Bd. 16 FC Bayern München (Marcel Neudeck)
Bd. 17 Borussia Mönchengladbach (Steffen Andritzke)
Bd. 18 Eintracht Braunschweig (Uli Hannemann)
Bd. 19 S. C. Fortuna Köln (Heribert Rösgen & Matthias Langer)
Bd. 20 FSV Frankfurt (Franziska Blendin)
Bd. 21 BSG Wismut Gera (Mario Krüger)
Bd. 22 FSV Zwickau (Norbert Peschke & Dieter Völkel)
Bd. 23 Fußball in der DDR (Frank Willmann)
Bd. 24 TSV 1860 München (Stephanie Dilba)
Bd. 25 VfB Stuttgart (Andreas Zweigle & Sebastian Rose)
Bd. 26 Kickers Offenbach (Steffie Wetzel)
Bd. 27 VfL Bochum (Fabian Budde)
Bd. 28 FC Erzgebirge Aue (Burg)
Bd. 29 1. FC Saarbrücken (Carsten Pilger)
Bd. 30 Karlsruher SC (Peter Dittmann)
Bd. 31 Borussia Dortmund (Eva Kienholz & Nikita Afanasjew)
Bd. 32 Eintracht Frankfurt (Dominik Bardow)
Bd. 33 Fortuna Düsseldorf (Julian Rieck)
Bd. 34 1. FC Kaiserslautern (Eric Scherer)
Bd. 35 SC Paderborn (Stephan Simann)
Bd. 36 SC Preußen Münster (Carsten Schulte)

Bd. 37 SV Darmstadt 98 (Tim Strack)
Bd. 38 SV Werder Bremen (Hannes Köhler)
Bd. 39 SV Eintracht Trier 05 (Fanszene Trier)
Bd. 40 1. FSV Mainz 05 (Oliver Heil & Mara Pfeiffer)
Bd. 41 Flensburg 08 (Frank-Peter Hansen)
Bd. 42 Alemannia Aachen (Paul Arns)
Bd. 43 VfL Wolfsburg (Lars M. Vollmering aka Lenny Nero)
Bd. 44 Rot-Weiss Essen (Andreas Crom)
Bd. 45 SV Meppen (Alexander Bosch & Michael Reckordt)
Bd. 46 Hallescher FC (Michael Bendix)
Bd. 47 SV Stuttgarter Kickers (Frank-Michael Lange, Dieter Beck, Michael Wurst et al)
Bd. 48 VfL Osnabrück (Heiko Schulze & Kalla Wefel)
Bd. 49 FC Würzburger Kickers (Steffen Krapf)
Bd. 50 MSV Duisburg (Ralf Koss alias Kees Jaratz)
Bd. 51 Vorwärts Berlin/Frankfurt (Oder) (Marco Bertram)
Bd. 52 Beim Fananwalt (René Lau)
Bd. 53 DSC Arminia Bielefeld (Jan-Hendrik Grotevent)

In der Reihe Bibliothek des Österreichischen Fußballs sind bereits erschienen:

Bd. 1 First Vienna Football Club (Alexander Juraske)
Bd. 2 SK Rapid Wien (Thomas Lanz)
Bd. 3 Wiener Sport-Club (Christian Bunke)
Bd. 4 FK Austria Wien (Clemens Zavarsky)

In der Reihe Bibliothek des Weltfußballs sind bereits erschienen:

Bd. 1 Partizan Belgrad (Boban Lapčević)
Bd. 2 In 90 Minuten um die Welt (Michael Stoffl)